Resistencia en la tierra

Resistencia en la tierra
Antología de poesía social y política
de nuevos poetas de España y América

Compilación y prólogo
Federico Díaz-Granados

New York • Oakland • London

Derechos © 2014 Federico Díaz-Granados
Derechos © 2014 Ocean Press y Ocean Sur

Todos los derechos reservados. Ninguna parte de esta publicación puede ser reproducida, conservada en un sistema reproductor o transmitirse en cualquier forma o por cualquier medio electrónico, mecánico, fotocopia, grabación o cualquier otro, sin previa autorización del editor.

Seven Stories Press/Ocean Sur
140 Watts Street
New York, NY 10013
www.sevenstories.com

ISBN: 978-1-925019-56-8

Índice

La poesía, una forma de resistencia en la tierra   1
Federico Díaz-Granados

LUIS GARCÍA MONTERO
    Democracia   11
    La farsa   12
    Vigilar un examen   14
    El lobo poético   15

RAFAEL COURTOISIE
    El pan cada día   19

GONZALO MALLARINO
    Retrato de Adelaida   23

RAÚL VALLEJO
    Mis hermanos en la madre patria   29
    Rosa Elvira Cely, empalada en Bogotá   31

EDUARDO CHIRINOS
    El milenio está a punto de acabarse   35

BENJAMÍN PRADO
    Zoo   39
    El inmigrante   53

JAVIER BOZALONGO
    Un hombre sin pasado   59

ERNESTO ROMÁN OROZCO
    Cáscaras de niebla   63

SIGFREDO ARIEL
    La luz, bróder, la luz   67
    Los poetas cubanos de vanguardia   68

GONZALO MÁRQUEZ CRISTO
    Tiempo árido   73
    Los sueños abatidos   74
    Canción de los que permanecen   75

OMAR PÉREZ
    La victoria de los desobedientes   79

JORGE FERNÁNDEZ GRANADOS
    Los farsantes   83

MAYRA SANTOS FEBRES
    Soliloquio en callejera   87

JAIME HUENÚN
    Ceremonia de la muerte   93

JUAN FELIPE ROBLEDO
    Lección básica de historia   97
    Caffé Rovi   99

MARIO BOJÓRQUEZ
    Casida de la indignación   103

SILVIA CASTRO
    Cartoneros I   107
    Cartoneros III   107
    Cartoneros IV   108

LUIS CHAVES
    La base de la sociedad   111

Texto fascista 112
Estuve en colegios privados 112

J.J. JUNIELES
Vengo de un barrio en las afueras 117

NICOLÁS PRIVIDERA
Escrito en una servilleta 121
Vallejo 2001 122
Cosmos '90 122

MARIO MELÉNDEZ
Abrígate, Gladys 127
La playa de los pobres 128
Mi pueblo 130
Más allá de la guitarra 131

PEDRO GIL
Diecisiete puñaladas no son nada 135
Los asaltantes 136

XAVIER OQUENDO TRONCOSO
Disposiciones del conquistador 141
Fundación de montañas 141
Esclavos de ónix 142

GABRIEL CHÁVEZ CAZASOLA
El hijo del verdugo 145
Oliver Twist 146
Movimiento social 147

JAVIER BELLO
Sin título 151

JORGE GALÁN
Lo incontestable 155

RAQUEL LANSEROS
    Historia de la historia   161

DEMETRIO IRAMAIN
    Ejemplos   165
    Sociología   166
    Banderas   166

FELIPE GARCÍA QUINTERO
    Masacre   171
    Pájaro   171

CARLOS J. ALDAZÁBAL
    El combinado   175
    En el cementerio de la Misión   175
    La jubilada   177

ÁLVARO SOLÍS
    Mitin contra la pederastia   181

BETSIMAR SEPÚLVEDA
    Postales de Bogotá   185

GABRIELA WIENER
    Foto en blanco y negro   189
    Pequeña hermana   190

CATALINA GONZÁLEZ
    El reino de los oficios locos   195

DAMSI FIGUEROA VERDUGO
    Muelle de Tomé   199
    Isla Quiriquina   199
    Mehuín   200

JULIÁN AXAT
    Asamblea permanente de poetas   205

Formas de hacer nudos de corbata	206
Los canarios románticos	207

DANIEL RODRÍGUEZ MOYA
    «La bestia». (*The America way of death*)   211

FRANCISCO RUIZ UDIEL
    Posible graffiti para Hiroshima   219
    Dos poetas en un tren   220

HELLMAN PARDO
    Cumaribío (Breve discurso del águila)   223
    Santo Domingo (El tamaño de la lluvia)   223

JAIR CORTÉS
    Mapa de Reynosa, Tamaulipas   227

OSCAR DE PABLO
    Un problema de lingüística medioeval   231

HÉCTOR HERNÁNDEZ MONTECINOS
    Hijo, no regreses nunca a Casa   235
    La interpretación de mis sueños   237

DAVID CRUZ
    Oda digital   243

FERNANDO VALVERDE
    Con los ojos abiertos caminas por la muerte   247

IVÁN CRUZ OSORIO
    9/11   253
    Manuela Sáenz   253

ANDREA COTE
    Siembra Triste   257
    Casa de Piedra   258

ALEJANDRA SEQUEIRA
    Invierno en Managua   263
    Detrás de la arboleda   263

VÍCTOR MANUEL PINTO
    Armado   267
    Tiroteo   268
    Atraco   269

JAVIER ALVARADO
    Matachín   273
    Los ojos de la historia   276
    Pupusas de oro para Roque Dalton   276

ALÍ CALDERÓN
    Democracia mexicana   281

ÁNGELA BARRAZA RISSO
    La patria   285
    Papá   285
    Qué sería de nosotros   287

SANTIAGO ESPINOSA
    A medio día   291
    Marcha de las ausentes   295

MIROSLAVA ARELY ROSALES VÁSQUEZ
    el asesinato de mis hijos   299

MARIO MARTZ
    El sueño de Billy Blue   302
    Primera y última evocación contra el miedo   302

La poesía, una forma de resistencia en la tierra

El poeta Jorge Zalamea, el gran traductor del Premio Nobel Saint-John Perse y uno de los últimos poetas de talante épico en Colombia, nos recordaba en su libro *La poesía ignorada y olvidada* (Premio Casa de las Américas, Cuba, 1965) que «en poesía no hay pueblos subdesarrollados». Esta tesis cobra cada vez más vigencia en un mundo globalizado e interconectado donde las brechas entre los más ricos y los más pobres son cada vez más grandes. Por eso una certeza se nos confirma como verdad de a puño día tras día en este siglo XXI: nuestros países siguen sumergidos en unas inequidades sociales, económicas y políticas mientras el planeta se calienta y la banca y los mercados dominan la historia y el destino de la humanidad.

Sin embargo «en poesía no hay pueblos subdesarrollados». Eso lo confirman España y América Latina, quienes en el siglo XXI se miran desde el Atlántico en el espejo de sus propias historias y desafíos. El destino común de la lengua española es una aventura que hermana a estos pueblos en la verdad de la poesía que sigue llenando de vigor, de sentido y de significado a un idioma que cada día gana más influencia en las zonas francas y la geopolítica mundial. Somos más de 450 millones en el mundo y quizás, por culpa de la pobreza, el español está destinado a reproducirse a grandes velocidades y a no desaparecer. Y donde esté la lengua siempre habrá poesía, esa poesía que comunica y sirve de vehículo a las grandes emociones y preocupaciones humanas.

La historia de España y América Latina ha sido una historia de infamias, saqueos e injusticias. Así, a pesar de la muerte, las guerras y las dictaduras, muchos poetas tomaron partido por la vida y se convirtieron en la voz de su pueblo y de su aldea. Sabemos de memoria la posición política y el talante de poetas como Antonio Machado, Pablo Neruda, César Vallejo, Miguel Hernández, Rafael Alberti, Gabriel Celaya y Vicente Huidobro, Nicolás Guillén y Raúl González Tuñón. Conocemos sus compromisos frente a la paz, la fraternidad de los pueblos y la dignidad humana. Señalaba Neruda en su discurso de recepción del Premio Nobel de Literatura en 1971:

> Yo escogí el difícil camino de una responsabilidad compartida y, antes de reiterar la adoración hacia el individuo como sol central del sistema, preferí entregar con humildad mi servicio a un considerable ejército que a trechos puede equivocarse, pero que camina sin descanso y avanza cada día enfrentándose tanto a los anacrónicos recalcitrantes como a los infatuados impacientes. Porque creo que mis deberes de poeta no solo me indicaban la fraternidad con la rosa y la simetría, con el exaltado amor y con la nostalgia infinita, sino también con las ásperas tareas humanas que incorporé a mi poesía.

El poeta no es un pequeño Dios, el poeta tiene una responsabilidad colectiva y es la voz de su tribu porque precisamente está blindado por los metales poderosos que protegen a la palabra del paso del tiempo para cantar, denunciar y por supuesto perdurar, nos recuerda el autor del *Canto General*.

De eso también da fe una generación posterior a los mencionados, igualmente comprometida con el destino de los hombres y su dignidad. Son estos, asimismo, poetas esenciales para entender la poesía escrita en español hoy en día: Ernesto Cardenal, Jorge Enrique Adoum, Juan Gelman, Antonio Cisneros, José Manuel Caballero Bonald, Jaime Gil de Biedma, Ángel González, Roberto

Fernández Retamar, Mario Benedetti, entre tantos otros. Muchos de estos poetas transitaron con acierto entre el poema de contenido militante, testimonial y de denuncia, hacia lo conversacional y la emoción, dejándonos algunos de los versos más memorables de la lengua. Después de la caída de la República en España se divulgaron en el mundo hispánico testimonios de esa infamia en antología de poetas que denunciaron las atrocidades de la Guerra Civil Española. Muchos poemas indelebles quedan de este episodio trágico de la historia contemporánea. De igual forma ocurrió en América, donde las luchas insurgentes, la Revolución Cubana, las guerras de liberación y la Revolución Sandinista se convirtieron en temas urgentes de gran parte de la poesía que se escribió en el continente hacia comienzos de la segunda mitad del siglo XX. Eventos que dejaron cicatrices profundas en generaciones de latinoamericanos como el brutal golpe al gobierno de la Unidad Popular de Salvador Allende en Chile, las dictaduras argentina y uruguaya, la Guerra de las Malvinas, el exterminio a la Unión Patriótica y la toma y retoma del Palacio de Justicia en Colombia, la invasión norteamericana a Panamá en 1989 y las guerras en El Salvador, Honduras y Guatemala, afectaron de forma definitiva la mirada de muchos creadores. Así, la figura del Che Guevara y de poetas como Roque Dalton, Francisco Urondo, Javier Heraud, Miguel Ángel Bustos, Rigoberto López, Otto René Castillo, Leonel Rugama y Víctor Jara se convirtieron en íconos de unos pueblos, de un mestizaje y de unas luchas necesarias donde la apuesta por la vida los llevó a truncar sus sueños trágicamente.

Luis Vidales me recordaba que había momentos que exigían escribir una poesía de urgencia para la guitarra, la peña y la rebelión. Además, la poesía presente en las llamadas nueva canción, la canción protesta y la Nueva Trova cubana educaba a una nueva generación de poetas. Joan Manuel Serrat, Joaquín Sabina, Silvio

Rodríguez, Pablo Milanés, Mercedes Sosa, Alí Primera, Daniel Viglietti y rockeros como Charly García y Fito Páez dejaban letras para reescribir la historia desde la mirada de los vencidos o desde la orilla de los más necesitados. Por otra parte, Casa de las Américas en Cuba resultaba un faro ético y cultural de la América digna y los poemas de Benedetti y de Gelman se recitaban de memoria y sus versos se repetían en cada rincón del continente como un santo y seña del asombro y la verdad. De igual forma Eduardo Galeano publicaba *Las venas abiertas de América Latina*, libro que se convertiría con el paso de los años en un santoral de la izquierda latinoamericana. Para entonces era tan grande la diáspora uruguaya que ya es clásico ese grafiti pintado cerca del aeropuerto de Montevideo, en plena dictadura, y que decía: «el último en salir apague la luz».

Como resultado de todo aquello se editaron muchas antologías y panoramas de la poesía rebelde, revolucionaria y social de América y España. Entre otras guardo especial afecto por la antología *Poesía rebelde de Latinoamérica*, compilada y prologada por Jorge Boccanera y Saúl Ibargoyen; *Poesía trunca*, de Mario Benedetti (que reúne a dieciséis poetas de América que dieron sus vidas por la lucha revolucionaria); *El Salvador en armas, Poesía política nicaragüense* y *La poesía como un arma (25 poetas con la España revolucionaria en la guerra civil)*, de Mariano Garrido.

A comienzos del siglo XXI la realidad política es otra pero las reivindicaciones sociales siguen siendo las mismas. Por eso la necesidad y la pertinencia de esta antología que solo pretende establecer un diálogo generacional con aquellos poetas cardinales de España y América y prolongar así una mirada generosa y solidaria desde la poesía. Los cincuenta y cuatro poetas acá incluidos representan una época y una manera de testimoniar las nuevas realidades. La antología abre con el español Luis García Montero, quizás el último de esa estirpe de poetas militantes y comprometidos políticamente, y continúa con poetas nacidos en la década de los sesenta, setenta y ochenta.

Otros son los temas y las preocupaciones de los nuevos poetas del ámbito hispano. Ya no existe la Unión Soviética pero Cuba sobrevive con dignidad. Después de los episodios oscuros de las dictaduras y algunos gobiernos neoliberales parece que América despierta en una primavera democrática. Sin embargo, las brechas continúan y los poetas no son indiferentes a eso. Algunos se han refugiado en la poesía pura y en su hermetismo. Otros han tomado partido por las voluntades colectivas, el compromiso y la emoción, como lo confirma la reciente antología *Poesía ante la incertidumbre*.

La creación poética es de por sí una posición política. Ser poeta en sociedades como las nuestras confirma lo que Roque Dalton predicaba: «el poeta en nuestros países cumple tres funciones: payaso, sirviente o enemigo». Así, todo poema tiene un contenido social, del mismo modo en que se afirma que todos los poemas son de amor porque son actos de amor a la humanidad y al hombre de todos los tiempos.

Este es el tiempo de un renacer de los movimientos y marchas estudiantiles. Internet y las redes sociales son los mejores aliados para la nueva forma de protestar. Ahora hay unas realidades que reivindican los valores contemporáneos. Mientras se rebajan los sueldos, se aumentan las edades de pensión, la educación y la salud siguen siendo un privilegio y crecen el racismo, la homofobia y el machismo, ahí está la poesía para devolver algo de ética y resistencia. El tema ambiental también está a la orden del día y los poetas apuestan.

Nos recuerda García Montero:

> La poesía comunica, reivindica una conciencia individual. Ante la crisis global que existe, la poesía se me evidencia como una reivindicación de la conciencia individual. No creo en recetas económicas o políticas, porque se trata de una crisis de valores y esos valores los defiende la poesía: la conciencia individual que no admite homologaciones ni consignas vacías, pero que

tampoco admite el aislamiento y el egoísmo y que intenta ser parte de la comunidad. [...] La poesía como ejercicio que reivindica la conciencia individual me parece un acto significativo, pensar cada palabra para hacerte dueño de tus propias opiniones es fundamental.

A lo que Gelman agrega:

Sí, es indiscutible, que el amor, a veces, incluye el deseo de cambiar el mundo. Este sistema capitalista es inmoral. ¿Qué tiene que ver con la ética de la gente? Es un sistema inmoral, que empieza por arriba, por la inmoralidad de los dirigentes. Contra el capitalismo, una dosis doble de moral, la única escapatoria a las injusticias, aunque haya pasado a un plano oscuro y olvidado.

En esta antología el lector encontrará denuncias y retratos de «La farsa» de la democracia, las masacres paramilitares; los desplazados y exiliados; atracos callejeros, corrupción y «Lecciones básicas de historia». Encontrará también a las viudas y los huérfanos. Todas estas miradas limpias y verdaderas de la historia que les correspondió vivir. Poesía testimonial y generosa donde el destino único es la dignidad humana.

Un poeta reconoce a su lengua como su patria y sabe que debe utilizar las mismas palabras y el mismo idioma del verdugo y de sus víctimas. Debe matizarlas y darles un tono a fin de que perduren en el tiempo para seguir siendo quienes les dan la identidad a los pueblos para pintarles un rostro y darles una voz. La poesía siempre como una suerte de «Resistencia en la tierra». De eso dan fe los cincuenta y cuatro poetas incluidos en esta selección.

Mientras pongo punto final a esta breve nota introductoria, recuerdo que hace treinta años un accidente aéreo impactó el inocente mundo de mi infancia: el del Boeing 747 de Avianca que se estrelló en Mejorada del Campo a 12 kilómetros de Barajas. Allí murieron los escritores Ángel Rama, Jorge Ibargüengoitia, Marta Traba y el poeta Manuel Scorza, quienes viajaban a Bogotá a un Encuentro de Cultura Hispanoamericana. Releyéndolos me tropiezo con este poema de Manuel Scorza que sirve de abreboca a esta antología:

Epístola de los poetas que vendrán

Tal vez mañana los poetas pregunten
por qué no celebramos la gracia de las muchachas;
tal vez mañana los poetas pregunten
por qué nuestros poemas
eran largas avenidas
por donde venía la ardiente cólera.

Yo respondo:
por todas partes oíamos el llanto,
por todas partes nos sitiaba un muro de olas negras.
¿Iba a ser la Poesía
una solitaria columna de rocío?
Tenía que ser un relámpago perpetuo.

Mientras alguien padezca,
la rosa no podrá ser bella;
mientras alguien mire el pan con envidia,
el trigo no podrá dormir;
mientras llueva sobre el pecho de los mendigos,
mi corazón no sonreirá.

Matad la tristeza, poetas.
Matemos a la tristeza con un palo.

No digáis el romance de los lirios.
Hay cosas más altas
que llorar amores perdidos:
el rumor de un pueblo que despierta
¡es más bello que el rocío!
El metal resplandeciente de su cólera
¡es más bello que la espuma!
Un Hombre Libre
¡es más puro que el diamante!
El poeta libertará el fuego
de su cárcel de ceniza.
El poeta encenderá la hoguera
donde se queme este mundo sombrío.

Solo así, citando a Ernesto Sábato, «podremos estar seguros de que NUNCA MÁS se repetirán los hechos que nos han hecho trágicamente famosos en el mundo civilizado». Nunca más, dicen los poetas, y si se repiten esos eventos allí estará la poesía de siempre dispuesta a exaltar la dignidad, la honestidad, la ética y la verdad.

«Así la poesía no habrá cantado en vano».

Federico Díaz-Granados
Noviembre-diciembre de 2013.

Luis García Montero
(España, 1958)

LUIS GARCÍA MONTERO nació en Granada. Es Catedrático de Literatura Española de la Universidad de Granada. Entre sus libros de poemas pueden destacarse *Y ahora ya eres dueño del Puente de Brooklyn* (1980), *El jardín extranjero* (1983), *Diario cómplice* (1987), *Las flores del frío* (1991), *Habitaciones separadas* (1994), *Completamente viernes* (1998), *La intimidad de la serpiente* (2003) y *Vista cansada* (2008). Ha reunido también una selección de su obra en *Casi cien poemas* (1997), *Antología personal* (2001), *Poesía urbana* (2002), *Poemas* (2004), *Poesía 1980-2005* (2006) y *Cincuentena* (2010). Se le han concedido los premios: «Federico García Lorca» de la Universidad de Granada (1980), Adonais (1982), Loewe de Poesía (1993), Premio Nacional de Poesía (1994) y Premio Nacional de la Crítica (2003). En 2009 publica la novela *Mañana no será lo que Dios quiera*, basada en la infancia y juventud del poeta Ángel González, que fue galardonada como Libro del Año 2009, por el Gremio de Libreros de Madrid.

Democracia

Venga a mí tu palabra
en los labios abiertos que me buscan
para morder la rosa de los amaneceres.

Venga a mí,
en los ojos del joven que levanta la mano
y pide la palabra,
y confía sin más en las palabras.

Por los años prohibidos,
por las mentiras tristes que manchaban el aire
como pájaros sucios,
por los que se levantan con frío en las rodillas
y por el exiliado que regresa,
por su recuerdo herido al bajar del avión,
venga a mí tu palabra.

A mí,
que quise hacerme hoy
en primera persona del futuro perfecto
con un libro de amor en el bolsillo.

Por los libros de Freud y de Marx,
por las guitarras de los cantautores,
por los que salen a la calle
y no se sienten vigilados,

por el calor del cuerpo que aprendí a respetar
mientras lo desarmaba con mi cuerpo,
por los ojos brillantes
de los antiguos humillados,
por las banderas libres en las plazas
igual que peces de colores,
por un país altivo,
mayor de edad, pero con veinte años,
por los viajes a Londres y a París,
por los poemas de Cernuda,
venga a mí tu palabra.

Tu palabra más limpia, más alegre,
porque es el tiempo alegre de las palabras limpias.
Los buitres han perdido su carroña de miedo.
Parece que no tienen donde ir
y vuelan a esconderse,
a esconderse,
muy lejos de nosotros,
en la tumba más fría del pasado.

La farsa

Son malos tiempos para la justicia.

Vengan a ver la farsa,
el decorado roto, la peluca mal puesta,
palabras de cartón y pantomima.

Son malos años para la justicia.

Como el mar no es azul,
los barcos equivocan la cuenta de sus olas.
Como el dinero es negro,
la moneda menguante de la luna
ha pagado el recibo de la noche.

Son malos meses para la justicia.

Se citaron el crimen y el silencio,
no descansan en paz los perseguidos,
el ladrón y el avaro se reúnen
y la ley no responde a la pregunta
de la bolsa o la vida.

Son malos días para la justicia.

Más de cinco millones de recuerdos
naufragan con sus nombres en la cola del paro.
Los vivos han perdido la memoria
y los muertos no tienen donde caerse muertos.

Son malas horas para la justicia.

La política sueña
una constitución en la que refugiarse.
Los periódicos piden
una buena noticia que llevarse a la boca.
El poeta no encuentra
las palabras que quiere para decir la verdad,
reparación, historia,

porque son malos tiempos,
porque los tribunales
se han sentado a cenar en la mesa del rico.
Vengan aquí y observen,
es el tinglado de la nueva farsa,
la toga sucia y el culpable limpio.

Vigilar un examen

Ser dos ojos
que deben contemplar la triste historia
del joven español que se hace viejo.
Al fondo de la clase,
un murmullo de himnos, canciones y protestas.

Miro en aquel pupitre
a ese niño que fui. Estaban las preguntas
en un folio marcado con yugos y sotanas.
De memoria sabía
rezar, callar, decir que sí, perdón,
no me lo tome en cuenta.

Me veo adolescente. El muchacho de al lado
aprendió sus lecciones. Yo procuro copiarme
para correr y luego
imaginar los ríos de montaña,
el agua pura
hasta donde no llegan las mentiras,
ni el privilegio impune,
ni la pobreza calculada
como una enfermedad de la nación.

En la última fila
rebusca en su libreta el joven descarado
que ya no tiene miedo,
que no soporta el gris,
que no piensa perder porque desprecia
el dinero del rey
y la corona del banquero.

Vigilar un examen
sobre historia de España. Ser dos ojos
de persona mayor
doctorada en antiguas esperanzas
que una vez más observa
la fatuidad, la corrupción, la falta
de pudor en los jefes de la tribu.

No hay nada más cansado en este mundo
que corregir exámenes. Ver cómo pasa el tiempo,
envejecer, sentirse tachadura
sobre papeles amarillos,
víctima y responsable
de un amargo suspenso general.

El lobo poético

El lobo reaparece con un libro en la boca.
Se sienta y me sorprende la pregunta:
¿qué es un endecasílabo?
Ensayo la manera de explicar
la insondable razón de lo enmarcado.

Es la ciudad nocturna en la ventana,
el arte de medir en los abismos,
el cauce cristalino de los ríos,
el desnudo de un cuerpo entre las sábanas.

Dudoso el lobo insiste en sus preguntas.
Quiere saber también qué significa
el compromiso de un poema.

Le hablo del dolor,
de la lluvia que cae en una despedida,
del crimen que sucede en las palabras
que nunca se dijeron,
de un ajuste de cuentas
porque las madrugadas no tienen donde ir
y hay que encender el fuego que le cuente su historia
a mi rostro mendigo,
a mi rostro marcado por la ley,
mi rostro que suplica compañía.

¿Pero el poeta nace
—me interrumpe— o se hace?

Yo le pregunto al lobo
si ha nacido o se ha hecho.

Mira en mis ojos, dice,
el rencor de la noche que me robó la vida.

Rafael Courtoisie
(Uruguay, 1958)

RAFAEL COURTOISIE nació en Montevideo. Es poeta, narrador, ensayista y miembro de número de la Academia Nacional de Letras. Su antología *Tiranos temblad* obtuvo el Premio Extraordinario de Poesía «José Lezama Lima» (2013). Su novela *Santo remedio* (2006) fue finalista del Premio Fundación Lara. *Goma de mascar* (2008) y *El ombligo del cielo* (2012) son sus más recientes novelas.

Ha recibido, entre otros, el Premio Fundación Loewe de Poesía (España, jurado presidido por Octavio Paz), el Premio Plural (México, jurado presidido por Juan Gelman), el Premio de Poesía del Ministerio de Cultura del Uruguay, el Premio Internacional «Jaime Sabines» (México) y el Premio «Blas de Otero» (España). *Palabras de la noche* (2006) es una extensa antología de su obra poética. *Poesía y caracol* (2008), *Partes de todo* (2012) y *Santa Poesía* (2012) son sus libros de poesía recientes.

El pan cada día

La poesía inventa la libertad.
La caricia de la libertad
Torna pan las piedras de la noche
Las vuelve suaves y humanas,
Pan humeante, pan fresco
Para la celebración de la luz:

Comer libertad
Compartirla en la mesa
Con todos.

Artigas libertador:
Artigas panadero.

Gonzalo Mallarino
(Colombia, 1958)

GONZALO MALLARINO nació en Bogotá. Sus primeros poemas aparecen en el periódico *El Tiempo* en 1984 y su primera colección de poemas, en la antología *Se nos volvieron aves las palabras*, editada por El Gimnasio Moderno, en 1986. También es autor de los libros de poemas *Cármina* (1986), *Los llantos* (1988), *La ventana profunda* (1995) y *La tarde, las tardes* (2000), con los que ha obtenido varios reconocimientos importantes. De su poesía han aparecido las antologías *Los párpados cerrados* (2010) y *Morada de tu canto* (2011). Sus poemas han sido incluidos en diversas publicaciones y antologías. De igual forma es autor de la «Trilogía Bogotá», que incluye las novelas: *Según la costumbre, Delante de ellas y Los otros y Adelaida*. En 2009 apareció su cuarta novela, *Santa Rita*; y en 2011, *La intriga del lapislázuli*.

Retrato de Adelaida

Estaba siempre oyendo respirar la lluvia.
Como si se hubiera dedicado a guardar toda la vida
el canto y la tos de los tejados.

Ya no hablaba con nadie. Ni siquiera conmigo.

Y pensar en lo dichosa que estaba
cuando nació la niña.
La hija que le bebía y le lamía las entrañas.
Como ella decía.

¡Ay! Limón. Decía. Largo quebranto.
Lágrima de la columna de la madre.
Encías dulces. Burbujas
de jabón de nuestra agua.

Después abrazaba a la niña contra su pecho
y ya no pensaba en nada más.
No recordaba el contorno del mundo.
Las polillas de todas las tardes de agobio.

Late corazón. Le decía a la niña. Late que te llevo
a la casa conmigo para amarte.

Acércate al calor. Le decía. Acércate
y leamos la cartilla de las niñas:

«El oído para el viento entre las hojas.
El tacto para el agua de un estanque.
Las vista para las flores del buganvil.
El olfato para los nardos de nuestra mesa.
El gusto para la piel velluda de las guamas».

Acércate y sonríe. Le decía. Pero no me mires así
tan fijo corazón. Que me pierdo en el firmamento.

Cosas así le decía todo el día. Yo ya ni me acuerdo.
«La cartilla de las niñas»... Es increíble cómo amaba
a esa chiquita.

Y después ese día en Paloquemao.
Hoy no me sueltes manecita entre la gente. Le dijo.
Hebilla y negro fulgor de pelo. Hoy no te apartes.

Yo recuerdo la carita de luna de la niña.
Mirando el esqueleto de los ventanales.
Y reventaron el cemento
y los oídos se le llenaron de líquido
y unas como leznas se le clavaron
por todas partes.

Y ella viendo que se moría la niña.
Que se le moría
sobre la tabla oscura del mundo.
Tejido azul de la boca.
Lengua de saliva oscura.

Y ahora está todo el día oyendo respirar la lluvia.
Como digo yo. Mirando por la ventana
los tejados donde cae la lluvia.

Dice que el tiempo es el agua turbia
que cae entre sus muslos cuando se está bañando.

Dice que son las manchas que han salido
en la tapa del escusado.

Dice que es su ropa en el cajón
y un moho que le está saliendo.

Dice que es una botella de leche
que se está pudriendo en la nevera.
Y un pedazo de pan duro entre una caja.

Ayer me dijo que no aguantaba más.
Que la ahogaban larvas entre la boca.
Y le mordían los dedos lombrices.

Y empezó a gritar y a cantar
para no oír lo que yo le decía:

No llores niña. Le decía.
No me llames asustada.
Aguarda que estoy entrando en este hondo palacio
para llevarte entre mis ojos el recuerdo del sol.

Raúl Vallejo
(Ecuador, 1959)

RAÚL VALLEJO nació en Manta. Ha publicado, entre otros, los libros de cuento *Máscaras para un concierto* (1986), *Fiesta de solitarios* (1992), *Huellas de amor eterno* (2000) y *Pubis equinoccial* (2013); las novelas *Acoso textual* (1999) y *El alma en los labios* (2003); los poemarios *Cánticos para Oriana* (2003), *Crónica del mestizo* (2007) y *Missa solemnis* (2008). Ha ganado, entre otros, el Premio Nacional de Literatura «Aurelio Espinosa Pólit», 1999; Premio Nacional «Joaquín Gallegos Lara», 2000; Premio Internacional VI Continente del Relato Erótico, 2010; XVII Premio Internacional de Poesía «José María Valverde», 2013. Desde enero de 2011 se desempeña como embajador de Ecuador en Colombia. Más información en su portal: www.raulvallejo.com.

Mis hermanos en la madre patria

En los domingos veraniegos del parque del Retiro
más amontonados que botellines de cruzcampo
con canastas repletas de tamales y cochinillo, mote y chicharrón,
una dicción que mezcla la cerrazón andina y el desparpajo
                                                                        [costeño
con el acento madrileño de todos los sudacas que creen
                                                                         [mimetizarse,
cantan mis hermanos que no conozco las tonadas tristes
con las que alegramos nuestra vida en la mitad del mundo.
Deslucen la modernidad de los españoles de sentimientos
                                                                       [discretos,
elegantes, poco afectos al melodrama pese a las pelis de
                                                                       [Almodóvar.
A los niños pijos de la Castellana les disgusta esa impertinencia
                                                                       [migrante
que no olvida el viento melancólico de los páramos de las
                                                                       [serranías
que recuerda con su caminar desinhibido el bochinche húmedo
                                                                       [de un puerto.
Ah, estos pobres sudacas, que se vayan a los campos de Murcia
que manos se necesitan para esta vendimia, que se queden en
                                                                       [Madrid
arreglando las habitaciones de los hoteles que llegan los turistas
                                                                       [alemanes.
Pero, joder, que no salgan a las calles con esas cabezas de cerdas
y esas barrigas que sobresalen por la pretina de los jeans MNG.

Mis hermanos ecuatorianos, sudacas de pequeña estatura y talla L,
mujeres bellas y dulces como un durazno de Ambato, que cuidan
[ancianos,
varones decididos a colocar mil bloques de cemento para el
[edificio del día.
Trabajan en todo lo que esos niños pijos jamás harían aunque les
[cayera
el ajuste del PP, la severidad de la Merkel y la abolición de la
[siesta.
Viven amontonados, ahorrando euros, con la sonrisa digna del
[honrado.
Hablan con faltas de ortografía al pronunciar las ces y las zetas
putean con arrogancia cuando exigen sus derechos en los
[consulados
tocan guitarra y cantan en los condominios para escándalo de
[sus vecinos
se visten de Zara y han aprendido el arte del cachondeo y la caña
[de mediodía.
Los domingos se multiplican en el Retiro y mis hermanos
[persisten
celebrando la vida, mezclando a Sharon con Julio Jaramillo,
llevando en procesiones a la virgen Churona,
maldiciendo y extrañando y llorando al paisito, imaginario y
[real; ¡ah!
y una foto de Barcelona Sporting Club, de Guayaquil, en la sala
[del piso en Lavapiés.
A veces, alguno de ellos, contempla desde el mínimo balcón de
[su piso
el atractivo vacío que besa el asfalto húmedo de Otoño
por si llegaran los alguaciles con el apremio de la orden de
[desahucio.

Rosa Elvira Cely, empalada en Bogotá

No solo es el suplicio inenarrable de tu agonía
entre los árboles solitarios del Parque Nacional.

Es la sevicia de un hombre
la complicidad de todos los hombres
la vasta crueldad de la condición masculina.

Tu sexo atravesado por la furia del falócrata
Tu vientre hollado por la violencia del amo
Tu cuerpo que ya no es tuyo sino del tormento.

Rosa Elvira Cely, 35 años, una niña de 12, martirizada
la dignidad de la vida con la atrocidad de tu muerte.

Eduardo Chirinos
(Perú, 1960)

EDUARDO CHIRINOS nació en Lima. Es poeta, ensayista, antólogo, traductor y autor de cuentos para niños. Ha publicado, entre otros, los libros de poesía *El equilibrista de Bayard Street* (1998), *Abecedario del agua* (2000), *Breve historia de la música* (Premio Casa de América de Poesía, Madrid, 2001), *Escrito en Missoula* (2003), *No tengo ruiseñores en el dedo* (2006), *Humo de incendios lejanos* (2009), *Mientras el lobo está* (XII Premio de Poesía Generación del 27, Madrid, 2010), *Anuario mínimo* (2012), y las recientes antologías *Reasons for Writing Poetry* (2011) y *Catálogo de las naves* (2012). Desde 2000 reside en Missoula, donde se desempeña como profesor de literatura hispanoamericana y española en la Universidad de Montana.

El milenio está a punto de acabarse

Pero las estaciones todavía se cumplen, la tierra continúa girando y los peces abren y cierran sus bocas como hace siglos. En algún lugar de la India los tigres machos luchan entre sí por el amor de las tigres hembras y en un bosque cercano los conejos devoran las mismas plantas y raíces que alimentan la tierra. Debería hablar de la contaminación y del petróleo, debería hablar de plagas innombrables, del hambre que devasta poblaciones, de niños mutilados por nubes radiactivas. Pero estoy aquí, escribiendo este poema, midiendo sus palabras, eligiéndolas con amor y con cuidado, con cólera y con resentimiento. Entonces me miro en el espejo y solo veo tinieblas, un vacío culpable en la página en blanco.

Escribo esto porque me siento solo. Porque las palabras me han abandonado. Porque ella no estará más.

Benjamín Prado
(España, 1961)

BENJAMÍN PRADO nació en Madrid. Es poeta, novelista y ensayista. Entre sus libros encontramos las novelas *Raro* (1995), *Nunca le des la mano a un pistolero zurdo* (1996), *Dónde crees que vas y quién te crees que eres* (1996), *Alguien se acerca* (1998), *No solo el fuego* (1999, XIV Premio Andalucía de Novela), *La nieve está vacía* (2000), *Mala gente que camina* (2006) y *Operación Gladio* (2011); así como sus poemarios *Un caso sencillo* (1986), *El corazón azul del alumbrado* (1990), *Asuntos personales* (1991), *Cobijo contra la tormenta* (1995, Premio Hiperión), *Todos nosotros* (1998), *Ecuador. Poesía 1986-2001* (2002), *Iceberg* (2002, Premio Internacional de Poesía Ciudad de Melilla 2001), *Marea humana* (2007, VIII Premio Internacional de Poesía Generación del 27); su libro de relatos *Jamás saldré vivo de este mundo* (2003); sus ensayos *Siete maneras de decir manzana* (2001), *Los nombres de Antígona* (2001, Premio de Ensayo y Humanidades «José Ortega y Gasset» 2002); la biografía *Carmen Laforet* (2004, en coautoría con Teresa Rosenvinge); el tomo autobiográfico *A la sombra del ángel. 13 años con Alberti* (2002); y el ensayo biográfico *Romper una canción* (2009, sobre la composición —durante siete meses y en varias ciudades de República Checa y España— de las canciones del exitoso disco *Vinagre y rosas* junto a Joaquín Sabina).

Zoo

El cóndor
que arrancó
la piel
de Roque Dalton.
La oruga
que comió
las pupilas
de Lorca.
Y el perro
que una noche
bebió
la sangre
azul
de Pasolini.

Qué animales tan dulces,
el cóndor
del
volcán
San Salvador;
la oruga
de las torres
de Granada;
el perro
que vivía

en las playas
de Ostia.

El chacal
que royó
las manos
de Osip Mandelstam.
El jabalí
que un día
comió de Max Jacob.
Y las pequeñas pulgas
que sorbieron
días y noches
a Miguel Hernández.

Qué
alimañas
tan dulces,
un chacal
que dormía
sobre la nieve
de Vladivostok;
un jabalí
llegado
de los bosques de Drancy;
las pulgas
de Alicante
criadas
junto
al mar.

Qué
animales
tan puros,
hienas,
buitres,
lagartos que comieron
a Nicolái Gumiliov
en San Petersburgo,
a Francisco Urondo
en Mendoza,
a Leonel Rugama
en Managua;
escorpiones,
langostas,
ginetas que comieron
de Robert Desnos
en Terezin,
de Jirí Orten
en Praga,
de Mouloud Feraoun
en El-Biar.

La Tierra
es
tan hermosa,
con selvas,
con océanos,
con la catedral viva
de las aves
posadas
en el olmo
o el tulipán

que vive
en su incendio amarillo.

La Tierra
es tan fecunda,
y cada
ciudad
tiene
sus anacondas,
sus quebrantahuesos,
sus gatos,
sus azores.

Hubo osos
para Nikolái Kluyev
en Siberia;
guepardos
para Néstor Paz Zamora
en Teoponte;
iguanas
para Ibero Gutiérrez
en Montevideo;

hubo mapaches
para Youssef Sebti
en Orán;
boas
para Carlos Marighella
en São Paulo;
gorilas
para Tahar Djaout
en Baïnem.

Qué alimañas
tan bellas.
Quién sabe
dónde irían
a morir:
bajo un drago,
en un río
o al pie de una secuoya,
en el estanque
verde
de una mezquita,
al pie
de una montaña,
o en la arena
flexible
de las dunas.

Qué hermosos animales,
un coyote
para Jalil Hawí
en Beirut;
un tucán
para Juan Oscar Alvarado
en La Habana;
una ardilla
para Henry Dumas
en Nueva York.

La Tierra
es
tan hermosa,
tuvo

tatúes de Guatemala
para Otto René Castillo
en Zacapa;
ibis rojos de Perú
para Javier Heraud
en Puerto Maldonado;
escolopendras de Brasil
para Aldo Sá Brito
en Minas Geraes;
tuvo
escorpiones de Venezuela
para Argimiro Gabaldón
en Lara;
búhos de Haití
para Rony Lescouflair
en Puerto Príncipe;
zopilotes bolivianos
para Rita Valdivia
en La Paz.

Qué
animales
tan puros,
gavilanes,
cernícalos,
águilas que comieron
de Din Mehmeti
en Kosovo;
de Mohammad Mokhtari
en Shiraz;
de Krzysztof Kamil Baczynski
en Varsovia;

puercoespines,
halcones,
víboras que comieron
de Sadiq Melallah
en Yidda;
de Vinko Kos
en Bleiburga;
de Jean Sénac
en Argel.

Qué animales
tan dulces.
Ellos fueron,
lo mejor de aquel siglo
que mató a sus poetas
con balas,
con puñales
y hubo topos
para Roberto Obregón
en Quetzaltenango;
pumas
para Ricardo Morales
en Nandaime;
zorros
para Albrecht Haushofer
en Berlín;

hubo murciélagos
para Edward Thomas
en Arras;
ocelotes
para Latif Berisha

en Mitrovica;
armiños
para Kaj Munk
en Silkeborg.

La Tierra
es tan hermosa
y aquel siglo
mataba a sus poetas
con tanques,
con aviones,
hubo martas
para Jacques Viau
en Santo Domingo;
lechuzas
para Fehmi Agani
en Pristina;
ballenas
para Rupert Brooke
en Skyros;

hubo ratas
para Jean Prévost
en Vercors;
avispas
para Gustaf Munch Petersen
en Madrid;
marmotas
para Joyce Kilmer
en Seringes.
Hubo gallos
para Ab al-Rahmán Mahmud

en Jerusalén;
salamandras
para Yun Tong-Ju
en Fukuoka;
erizos
para Ivan Goran Kovacic
en Belgrado.

Hubo esturiones,
cobras,
abejas que comieron
a Ivo Grahor
en Dachau;
a Tone Sifrer
en Mautthausen;
a Qiu Jin
en Taiyuan;

hubo santateresas,
tritones,
papagayos que comieron
de Tadeusz Gajcy
en Cracovia;
de Nikola Vaptsarov
en Sofía;
de Yi Yuk-Sa
en Seúl.

Y una mangosta húngara
para Miklós Radnóty
en Abda;
y un koala chino

para Wen Yiduo
en Nankai;
y un cuervo de Croacia
para Agust Cesarec
en Zagreb.

Hubo un martín-pescador
para Wilfred Owen
en Pommereuil;
una llama
para Edgardo Tello
en Ayacucho;
una tortuga
para Isaac Rosenberg
en Ors.

Hubo un ciervo
para Marianne Cohn
en Annemasse;
una gaviota
para Morten Nielsen
en Copenhague;
un tigre
para Sabahattin Alí
en Estambul.

Aquel siglo
callaba
a sus poetas
con cañones,
con hachas,
les daba muerte

con sus propias manos,
y hubo alacranes,
nutrias,
hormigas que comieron
a Walter Benjamin
en Port Bou;
a Marina Tsvietáieva
en Elabuga;
a Deng Tuo
en Pekín;

tarántulas,
autillos,
siluros que comieron
a Tadeusz Borowsky
en Oswieçim;
a Konstantin Biebl
en Bratislava;
a Paul Celan
en París.

Qué animales tan dulces,
los leones,
los renos,
los caballos
que bebieron del río rojo de los poetas,
el río que manaba
de Masud Ash-Shaiban
en Nazareth;
de Antonio Machado
en Collioure;
de Titsian Tabidze
en Kutaisí;

renos,
arañas,
ocas que bebieron
de Vladimir Narbut
en Omsk;
de Yorgos Sarandaris
en Atenas;
de Velimir Jlébnikov
en Moscú;

tordos,
leopardos,
ranas que bebieron
de Nicolai Zabolotski
en Kiev;
de Boris Kornilov
en Odesa;
de Nâzim Hikmet
en Tesalónica;

liebres,
gamos,
jirafas que bebieron
de Gurgen Maari
en Minsk;
de Paolo Iashvili
en Tblisi;
de Badr Shakkir Al-Sayyab
en Bagdad.

Aquel siglo
mataba a unos poetas

y a otros,
sencillamente,
les quitaba la vida.

Aquel siglo
que tuvo
linces,
culebras,
orcas que comieron
de Aaron Luboshitzki
en Lodz;
de Itzhak Katzenelson
en Auschwitz;
a Frank País
en Santiago de Cuba;

monos de Palestina
para Abd al-Karim al-Karmi
en Damasco;
cangrejos paquistaníes
para Mohamed Alví
en Islamabad;
codornices de Hungría
para Hannah Szenes
en Pécs.

Aquel siglo que tuvo
sapos,
alcaravanes,
cornejas que comieron
a Moshe Kulbak
en Tashkent;

a Izi Kharik
en Novgorod;
a Alan Seeger
en Belloy-en-Santerre;

urogallos,
vicuñas,
mandriles que bebieron
de Jean Allard
en Pierrefont;
de Maurice Bouignol
en Verdun;
de Rigoberto López Pérez
en León.

Aquel siglo
que tuvo
leones iraníes
para Eshán Tabarí
en Teherán;
panteras japonesas
para Yi Sang
en Tokio;
vampiros de Lubianka
que bebieron
de los poetas yiddish
Peretz Markish,
Itzik Fefer,
Leib Kwitko,
David Hofshtein,
Isaac Nusinov.

La Tierra es tan hermosa.

Las palabras tachadas
multiplican la noche.
Y cien poetas muertos
equivalen a un río.

El inmigrante

Voy a hablar
de dos hombres
con una misma historia.

El primero
se acerca por el mar
y conoce
el sabor
salado
de la muerte.
Ha sufrido
la guerra
y el expolio,
quién sabe si la cárcel,
la tortura,
la caza de su piel,
de sus pasiones,
su género,
su origen,
sus ideas...
o simplemente
el duro

latigazo
del hambre.
En resumen:
un ser sin esperanzas.

El segundo
ha llegado
también
a otra ciudad
y escapa
de un país
donde gobierna el crimen.
Un día
conoció
el respeto
y la fama,
pero hoy
es como el vino derramado:
un oscuro sinónimo
de la sangre vertida.

El primer hombre
viene
hacia nosotros
y sueña
con la paz
de los talleres,
el edén
neutral
de los supermercados,
la música cuadrada de las carpinterías:
cualquier cosa

mejor
que su destino.

El segundo,
el que huye
con el dolor aún humeando en su ánimo,
alguna vez soñó
que las balas
podían
asesinar personas
pero nunca razones;
soñó
con catedrales
que no fuesen
el refugio del lobo;
con un sol
que llegara
al fondo
de las minas.

El primer hombre
es Pablo,
el panadero;
Hassan el sastre,
o Evo el albañil.
El otro se apellida,
por ejemplo,
Cernuda,
o Jiménez,
o Alberti
y de él
nace el espanto

como en las uvas crece
la costumbre morada de la luz.

Habrá quien los compare
y solo vea entre ellos un abismo.
Y habrá quien vea un puente:
a un lado la Justicia
y a otro lado la Historia.

Pregúntate
a
cuál
de
ellos
te
pareces.

Pregúntate
cuál
de
ellos
quieres
ser.

Javier Bozalongo
(España, 1961)

JAVIER BOZALONGO nació en Tarragona. Ha publicado los poemarios *Líquida nostalgia* (2001); *Hasta llegar aquí* (2005); *Viaje improbable* (2008), por el que obtuvo el XI Premio Surcos de Poesía; y *La casa a oscuras* (2009), al que le fue concedido un Accésit del Premio «Jaime Gil de Biedma» de la Diputación de Segovia. Es asesor del Festival Internacional de Poesía de Granada desde su primera edición en 2004. Ha colaborado en revistas como *Cuadernos Hispanoamericanos* o *El Maquinista de la Generación*, del Centro Cultural Generación del 27 de Málaga. Desde septiembre de 2009 coordina en Granada el ciclo Poesía en el Palacio.

Un hombre sin pasado

Entrégueme las llaves.

No nos debemos nada el uno al otro.
Compré con su salario su tiempo y mis ganancias.
A cambio de su esfuerzo yo negocié sus deudas
y las alimenté con la ilusión
que usted tuvo una vez, creyéndolas saldadas.

Su ímpetu juvenil
naufragó en la moqueta de un despacho.
No se sienta culpable si al retirar las fotos
alguna le reprocha sentirse abandonada,
puede culparme a mí, que no soy nadie.

A nadie le ha entregado usted su vida,
a nada ha consagrado tantos años.
De ahora en adelante va a saber lo que es
convertirse en un hombre sin pasado.

Entrégueme las llaves.

Si algo hemos compartido usted y yo
fue el vacío del aire:
ni siquiera al tocarle dejé huella.

Puede pensar que ha sido un espejismo,
pero el despertador desocupado,
las mañanas sin prisa
y las corbatas tristes
vendrán a recordarle lo que es.

Lo que pudo haber sido lo doy por bien pagado.

Entrégueme las llaves, salga sin hacer ruido.

Recoja las monedas que sellan el adiós.

Ernesto Román Orozco
(Venezuela, 1962)

ERNESTO ROMÁN OROZCO nació en Cabimas. Ha publicado: *Los zapatos descalzos* (1995), *Las piedras inconclusas* (2001), *La costumbre de ser sombra* (2003), *Los hemisferios distantes del silencio* (2005), *Las casas líquidas* (2006), *Artesa del tiempo. Selección poética 2000-2008* (2008), *Gestos deshabitados* (2012) y *Edades manuscritas* (2012).

Cáscaras de niebla

> *El hombre es siempre*
> *el constructor de una cárcel.*
> *Y no se conoce a un hombre*
> *hasta saber qué cárcel ha construido.*
>
> Roberto Juarroz

Cuando la tos aclara
las aves son más lúcidas.
Así descubrimos que la asfixia
pesa lo que el pan horneado
en los tendones de un salto.
Luego es repartido, sin ninguna equidad,
en los tímpanos uniformados
de quien está pagando cárcel
y cobrando tierra porque insiste,
sin ningún argumento,
en que los árboles se oxidan
porque dan color al ángel metálico
de los maestros. Porque a veces la vida,
brilla como un juez de jabón
adelgazando en el piso de un baño
de calabozo. Pero las aves
se empeñan en nacer;
saben que provienen de la etnia sutil
de cada costra. Por eso rompen,
con espinas de la tos,
sus cáscaras de niebla.

(A Wilson Luna)

Sigfredo Ariel

(Cuba, 1962)

SIGFREDO ARIEL nació en Santa Clara. Ha publicado los libros de poesía *Algunos pocos conocidos* (1987), Premio David-UNEAC, 1986; *El enorme verano* (1995), Premio Pinos Nuevos; *El cielo imaginario* (1996); *Las primeras itálicas* (1997); *Hotel Central* (1998), Premio UNEAC, «Julián del Casal», 1997; *Los peces y La vida tropical* (2000); *Manos de obra* (2002), Premio Nacional de Poesía «Nicolás Guillén», 2002; *Born in Santa Clara* (2006), Premio UNEAC, «Julián del Casal», 2005. Desde hace veinte años trabaja en la radio y la televisión cubanas, escribiendo y dirigiendo programas culturales. *Ahora mismo un puente* es su primera antología de poemas.

La luz, bróder, la luz

Mirar caer la nieve en la oficina de registro
cuando uno es la señal con un pañuelo, un sauce
que huele a mar del trópico, un animal aislado.
Pudiera caer ahora mismo la nieve sobre los edificios
en copos graves
pudiera morirme si me viera en una cerrazón
que tumba la cabeza
hasta las manos de los padres
que esperan sentados en un parque
y que no saben nada.

Un hombre quitaría con una vieja pala esta ceniza.
Vagamente regresa a aquel lugar
donde llovía detrás de la cabeza
cuando tuvo otro nombre y una cicatriz en la barbilla
y era hipócrita y humano
como un pobre diablo.
Bebía en los circos de ocasión
y tenía el bolsillo repleto de llaves inservibles
y un temor absoluto de la soledad.
Seré yo mismo acaso si fuera tenedor de libros
o fuera neerlandés y conociera la magia
y si en el extremo de mi vida la nostalgia
me pasmara las manos sobre el hielo.

Job pudo reposar sin violentarse
sobre este caracol marino
y las sabanas pudieran estar llenas de alfalfas
o de termas brillantes o de casas de troncos.
Quiénes seríamos entonces / calle abajo
acaso compraríamos el periódico de la mañana
cayéndonos de sueño
y las mandarinas y el pan dulce.

Estos años románticos los querrán los hijos de los hijos
y buscarán la letra en el registro, nuestros discos
los papeles sucios.
Voy a morir sin ver la nieve
qué hubiéramos adelantado bajo la nieve harinosa
esa pequeña aventura en nuestra luz:
el paso de un astro, la carrera de una estrella.

Estos días van a ser imaginados
por los dioses y los adolescentes que pedirán estos días
para ellos.
Y se borrarán los nombres y las fechas
y nuestros desatinos
y quedará la luz, bróder, la luz
y no otra cosa.

Los poetas cubanos de vanguardia

Los poetas cubanos de vanguardia
se burlan de mí a espaldas mías.

Los he visto llenos de temeridad
atomizando historia y tradición, otras nociones
ruinosas / oxidadas disciplinas
palabras y objetos ya inservibles del todo.

Los jóvenes poetas de vanguardia
se tocan con los viejos poetas de vanguardia
bajo las aguas profundas, en el cimiento universal
a espaldas mías.

Cómo hacer para que los ríos de Foucault
bañen en mi beneficio estas hojas de papel
pegadas a una arcaica maquinaria
que antes se llamaba música
y era apreciada en el pasado al punto
de que incluso a veces provocaba
envidia.

Gonzalo Márquez Cristo
(Colombia, 1963)

GONZALO MÁRQUEZ CRISTO nació en Bogotá. Es poeta, narrador, ensayista y editor. Entre sus libros se encuentran los poemarios *Apocalipsis de la rosa* (1988), *La palabra liberada* (2001), *Oscuro Nacimiento* (Mención en el Concurso Nacional «José Manuel Arango», 2005) y *La morada fugitiva* (2014); la novela *Ritual de títeres* (ganadora de Beca Colcultura, 1992); así como *El Tempestario y otros relatos* (1998) y *Grandes entrevistas de Común Presencia* (Premio Literaturas del Bicentenario, 2010, del Ministerio de Cultura). En 1989 participó en la fundación de la revista *Común Presencia* (reconocida con Beca Colcultura a mejor publicación cultural del país, 1992), de la cual es su director. Es creador y coordinador de la colección de literatura Los Conjurados. Es Fundador y director del semanario virtual Con-Fabulación. Obtuvo el Premio Internacional de Ensayo «Maurice Blanchot» (2007) con su trabajo «La Pregunta del Origen».

Tiempo árido

En mi patria fugitiva
Sometieron a trabajos forzados a las flores
Y la luna hostil que veneramos
Impuso su destino inamovible.

Tiempo árido
¿Cuántas puertas has cerrado?

Una noche supe que todos los vientres son de tierra,
La memoria acechó en la oscuridad
Y mis casas interiores fueron arrasadas...

Inerme aprendí que toda libertad
Emana del dominio de la muerte,
Condené el regreso llamado sueño
Y perseguí una tumba errante,
Me ofrecí a un lenguaje mutilado
Y al ardor de un desierto peregrino.

El ejercicio del miedo me trajo hasta aquí,

¿Por dónde regresaré a mi día?

Los sueños abatidos

Visitó su balcón el pájaro que destruye a la noche.
Una horda de nuevos esclavos

Se fue extendiendo por la Tierra.

Ellos asaltaron el paisaje
Y lo interrogaron sobre el país
que tiene más nombres para llamar a la muerte...

Dijo: Escuchen, el lenguaje es mi intemperie.
        Porque no conocía un azul tan frío
        Porque no quedaban vocablos
        para llamar a las flores
        Porque una tribu nómada
        era inventada cada día...

Ellos incendiaron su voz. Golpearon sus ojos.
Y lo interrogaron sobre una nación
que injuria su memoria
Donde fantasmas danzan bajo el sol canicular...

Explicó que como pájaro de ciudad
El poeta debe cantar más fuerte
para ser escuchado.

Y maldijo esa tierra. Y te maldijo a ti,
esperanza sangrienta.
        Luego ocultó su palabra

Exclamó que la verdad aguarda allende el lenguaje
Y liberó un cielo enmudecido.

Canción de los que permanecen

Me opongo al trabajo de la aurora:
Mi herencia fue puesta en el viento.

Era el nombre lo que nos protegía de la muerte...

Muchos emprendimos una arqueología del dolor:
Han pactado extraviar nuestra memoria
Incendiar nuestra mirada.

Desde entonces, amor mío, la vida es nuestra rabia.
El desierto ha llegado hasta mi lecho.

Un mapa invisible lacera mis manos
Un clamor subterráneo impugna mi voz
Un diluvio de agujas persigue mi rostro,
Palestina.

Omar Pérez
(Cuba, 1964)

OMAR PÉREZ nació en La Habana. Es poeta, ensayista y traductor. Graduado de Lengua y Literatura Inglesas en la Universidad de la Habana en 1987. También ha realizado estudios de las lenguas italiana y holandesa. Ha publicado tres libros de poesía: *Algo de lo sagrado* (1996), *Oíste hablar del gato de pelea* (1999) y *Canciones y Letanías* (2002); así como la colección de ensayos *La perseverancia de un hombre oscuro* (2000), Premio de la Crítica.

La victoria de los desobedientes

En la multitud
un hombre ha pateado disimuladamente una paloma
muchas veces antes de recogerla.
Hay una sola vida y la envolveremos con escamas
hay una sola vida y la cubriremos con las palabras de otros
la palparemos disimuladamente varias veces
antes de decidir que la queremos.

Jorge Fernández Granados
(México, 1965)

JORGE FERNÁNDEZ GRANADOS nació en Ciudad de México. Es poeta, ensayista y narrador. Ha publicado, entre otros, los libros *Resurrección* (1995), el cual recibió el Premio Internacional de Poesía «Jaime Sabines»; *El cristal* (2000); *Los hábitos de la ceniza* (2000), con el que obtuvo el Premio Nacional de Poesía Aguascalientes; y *Principio de incertidumbre* (2007), Premio Iberoamericano de Poesía «Carlos Pellicer» 2008. Ha publicado también la antología de la obra poética de José Emilio Pacheco *La fábula del tiempo* (2005). Fue becario del Centro Mexicano de Escritores y del Sistema Nacional de Creadores de Arte.

Los farsantes

quienes no tienen un alma fingen todas
las superficies que venden
no la verdad sino la astutísima
baratija

obsérvalos saludan sonríen bromean siempre parecen simpáticos
siempre «están en todo» levantan las cejas con simulado asombro
desdeñan entre dientes caminan aprisa (huyen)

almas chatarra que ratean
peces en el río revuelto
y quince minutos engatusan
al que se deja

obsérvalos revisan sus uñas la punta de sus zapatos el brillo de
sus labios el corte de su bigote la marca de su reloj la altura del
escote el nudo de la corbata o simplemente el aspecto «casual»
de la mezclilla

su máscara es mutante y siempre a la medida
del momento su ámbito
natural es el plasma de las pantallas
el cómodo veneno de la evanescencia o la levedad
donde *todo se vale*

obsérvalos nunca faltan invaden sin aviso los vestíbulos otean
la tertulia serpeando entre la concurrencia con sus redituables
maniobras de encantamiento con su arsenal (ajeno) de frases
«ocurrentes y eruditas» con su ágil quincalla *quedabién*

se puede engañar a todo el mundo algún tiempo
se puede engañar a algunos todo el tiempo
pero no se puede engañar a todo el mundo todo el tiempo
—dijo quien luego fue asesinado en un teatro

obsérvalos hormiguear en el banquete apersonarse con prisa
zalamera en la mesa de los notables y no perder oportunidad de
añadir su nombre a las listas de preocupados en causas sociales
mientras reparten caravanas en los resonantes salones de las
cortes escucha cómo se pisan unos a otros por trepar a la tarima
cómo se apuñalan por la espalda cómo se arrebatan la carroña del
hocico

pero los peores son los más finos
los que bordan con hilo delgado
un permanente disfraz a la medida de su farsa
un simulacro amébido tan perfecto
que ya no se distingue
de su propia vida

Mayra Santos Febres
(Puerto Rico, 1966)

MAYRA SANTOS FEBRES nació en Carolina. Estudió Literatura en la Universidad de Puerto Rico y ha sido profesora visitante en varias universidades norteamericanas, entre ellas la de Harvard. Hizo su doctorado en la Universidad de Cornell. Entre sus publicaciones en poesía se encuentran: *Anamú y manigua* (1991), *El orden escapado* (1991), *Mal(h)ablar: Antología de nueva literatura puertorriqueña* (1997) y *Tercer Mundo* (1999). Ha publicado los libros de cuentos: *Pez de vidrio* (1995), *Pez de vidrio y otros cuentos* (1996) y *El cuerpo correcto* (1997). Recientemente ha incursionado en el género de novela con los títulos *Sirena Selena vestida de pena* (2000) y *Cualquier miércoles soy tuya* (2003).

Soliloquio en callejera

Mira hasta como tengo
para qué amigo
a tres lenguas se me alumbre el silencio.
Te camino y escribo
por esta ciudad sin fondo.
Graffiteo en las paredes:
pieles de simulacro—
no en tus ni en mis sino en las de
tanta otra gente que nos transita.
Somos la ciudad sin fondo
somos la ciudad a flote
en una patera de indocumentados.

Amigo:
no sin te decirte mientras
mira hasta como te tengo
para que nada se huya—
cerrar la boca
trancar el pecho
y hasta sacarte la calle en cifra
para poderte entrar.

A la brega amigo
de a verdura hermano
este viaje de puyas para rentar
dos sillas hasta ti.

Que pases por aquí y ni te pares
que abras la boca sin decir palabra
porque no somos sino al beso
y aún esa apuesta
no es válida para el reintegro.
Si tú y yo apostamos
nos quedamos en la calle
y sin letrero.
Te lo digo amigo te lo estoy diciendo quedo
y en susurro
el tránsito marca
otro viaje.

Yo sé que tú sabes que yo
tan solo quiero que me lleves
hasta donde vayas.

Estoy en México
Tú estás en Puerto Rico
Mi amigo está en Nueva York
y esto no es melancolía.
Esta es un hambre de onda corta
que va a largas zancadas
por la ciudad
y se pregunta—
¿qué se hace con tanta dispersión
con tanto fortuito encuentro por las calles
y con la inusitada gana de andarse
pelo a pelo
y despegados?

He dejado las grandes empresas, amigo, en casa
las grandes empresas no me dejan gozarte despacio
no me dejan verte el ojo deslumbrado
y deslumbrarme con tu pie y con tu aliento
y con tu trayectoria

Estoy en México
Tú estás en Puerto Rico
(Yo no sé dónde anda mi otro amigo hoy)
Esto no es melancolía
Esta es un hambre de onda corta
que va a largas zancadas
por la ciudad
y se pregunta—
¿será necesario decirte todo esto?

Hay dos calles
entre pon y pon de la caricia.
Una se agita por los terremotos
Otra se la va comiendo el mar

Hay dos ciudades
entre polvo y polvo de salitre
ojos de ahogados que nos rozan amigo
nos dan cortes de pastelillo
y chinos piedra a piedra.

La otra acera muerde tobillos
como un tiburón de ónix.
Ay amigo
hay aquí dos calles, dos polvos,
dos mismos asfixies intrigados

por cuándo será el momento
de cambiar de carril.

Tu lengua anda envuelta por la calle en un sobretodo gris, lo juro,
de encubierta anda y sin licencia —tu lengua se ha huido de
nosotros. Entonces —¿qué hacer amigo, a quién pido permiso
para revolcarme en la saliva de esta calle que tanto veo salir de
tus rodillas y hasta de tu tripa más desnuda y hasta de tu cadera
recóndita?

Ay amigo
hoy la luna está llena
en la calle y sobre el alumbrado
yo eléctrica pienso en una leche cuajada
en pujitos de púas,
electrodos felices
llegando hasta tu lugar.
hoy la luna está llena
y hay cables que se destienden
y hieren la noche y sus ecos
sus conversaciones
exprimiendo jugos
del otro lado
del auricular.
Ay amigo
la luna es un vaso de jugos eléctricos
y de pujos
a larga distancia.

Jaime Huenún
(Chile, 1967)

JAIME HUENÚN nació en Valdivia. Ha publicado: *Ceremonias* (1999), *Puerto Trakl* (2001), *El Pozo Negro y otros relatos mapuches* (2000), *Viaje a la memoria ancestral: relatos mapuches* (2002), *La memoria iluminada: poesía mapuche contemporánea* (2007), *Los Cantos Ocultos, poesía indígena latinoamericana actual* (2008) y *Reducciones* (2008). En el año 1999 ganó el concurso nacional de poesía El Joven Neruda, organizado por la Municipalidad de Temuco; en 2003 recibió el Premio de Poesía «Pablo Neruda» otorgado por la Fundación homónima y en 2005, la beca de la Fundación Guggenheim.

Ceremonia de la muerte

Uno

FORRAHUE

*...alzaban sus manos
ensangrentadas al cielo...*

Diario El *Progreso* de Osorno, 21 de octubre de 1912

No hablábamos chileno, mi paisano,
castellano que lo dicen.
Copihue sí, blanco y rojo,
flor de michay,
chilco nuevo.
No sabíamos de Virgen ni de Cristo, padrecito,
ni del Dios en las Alturas.
Jugábamos tirándonos estiércol de caballo en los potreros;
robábamos panales a los ulmos y a los moscos,
y pinatras a los hualles de la pampa;
mirábamos desnudas bañarse a las hermanas
con manojos de quillay en el arroyo.
Malo era.
Sí.
Por eso vino envidia y litigio y carabina;
por eso se volvieron lobos los venados y los peces.
Malo era, paisanito, malo era.
Comíamos caliente el crudo corazón de un cordero
en el lepún;

rezábamos huilliche al ramo de laurel
junto a la machi;
matábamos con fuego al que mete huecuve
contra el cuerpo y contra el alma.
¡Brujo diablo, anda vete! decíamos escupiendo,
y el bosque más espeso
escondía a la lechuza.
Malo era, malo era.
No sabía vivir el natural antes amigo, no
sabía.
Las mujeres se preñaban en lo oscuro y en lo claro,
y los hijos se criaban a la buena
de los bosques y los ríos.
Así era, mamita, así fue:
las estrellas dejaron de alumbrarnos
la sangre de repente,
y tuvimos que ocultarnos como zorros
en montañas y barrancos.

Juan Felipe Robledo
(Colombia, 1968)

JUAN FELIPE ROBLEDO nació en Medellín. Estudió Literatura en la Universidad Javeriana de Bogotá, donde es profesor. Ha preparado antologías de Francisco de Quevedo, Luis de Góngora, el Romancero español y Rubén Darío. Ganó el Premio Internacional de Poesía «Jaime Sabines» 1999 en México con *De mañana*, libro que Editorial Planeta reeditó en Colombia en 2003. Ganó el Premio Nacional de Poesía del Ministerio de Cultura 2001 con *La música de las horas*. Poemas y artículos suyos han sido publicados en revistas y periódicos de distintos países de Hispanoamérica. Han aparecido las antologías de su poesía *Calma después de la tormenta*, *Luz en lo alto*, *Dibujando un mapa en la noche* y *Poemas ilustrados*, entre otras.

Lección básica de historia

Para Álvaro, mi hermano.

Terso es el mundo, nefelibatas,
limpio y grande es el mundo,
cuando no tenemos en frente los cables de la luz.

El mundo es una lechuga sin pelar
y dando tumbos
en galáctico escarceo.

El mundo está triste,
tan triste como el dibujo del Topo Gigio en un basurero.

El montón de flores en la poceta las ha dejado el orante tras su
malograda cita, estarían mejor en la cabeza de Lucrecia,
y la verde tinta que se riega sobre ellas es la sangre de una
estilográfica que las acaricia quedo.

Mariposas clavadas por alfileres de plata, plata de Cuzco o
Yarumal, decoran las paredes del dormitorio junto al lavadero.
Y las mariposas no quieren volar, quieren quedarse a vivir con
                                        [los nefelibatas,
en ese terso mundo de lechuga,
lechuga sin pelar,

pateada lechuga frente a los cascos de los caballos que decidieran
el día en el Pantano de Vargas,
y que no oyó la voz de aquel chiquito con alma de escalario,
gritando: «¡Coronel, salve Usted la patria!».

Esa lechuga, aquella que es un mundo, habrá asistido,
pateada por quedos pies,
a las lecciones de historia patria,
llenas de adjetivos y denuestos,
loas a los mártires
y recuerdos de saltos por ventanas.

Esa lechuga que es el mundo
se está quieta oyendo la
tarabilla de las cornucopias y los canales,
lechuga que es el mundo,
verde y dorada, quieta ya, dicha curva, hogar de simetría su
[penumbra.

Esa lechuga, aquella que es el mundo,
sueña con verse dibujada
en la esquina inferior izquierda
de un mapa de la península de Yucatán.

Y esa semilla que es el mundo
se calla, no porque no tenga nada que decir,
sino porque la aburre la prédica insulsa de su tiempo,
y esa semilla que es el mundo
no se cansa de mirar por la ventana
y de bañarse con el agua de la poceta,
la que corre,
y esa poceta que es ya el mundo

derrama agua para lavarnos de nuestros pecados
hasta el fin de los tiempos.

Caffé Rovi

No hay halcones atravesando el cielo.
No hay fanfarrias en la calle vacía.

Somos pedazos de piel brillando sobre la pradera,
somos recetas sin la información precisa,
y las señoras que van a comprar lo del almuerzo
saben mucho mejor que nosotros
qué es lo importante.

Estamos callados, sumisos, sin prisas,
cerca del corazón nos acompaña la estilográfica,
tarareadora, y desciende y escuece entre las manos
con una velocidad de luceros que se apagan en abril
(Cesare Pavese despidiéndose para siempre jamás de un mundo
en el que nunca estuvo del todo).

El dueño de sí, el que calcula cifras en una oficina refrigerada en
[agosto,
el jerarca, el adalid de una causa de mierda,
el señor de relojes locuaces, atentos,
no nos daría la bendición,
no es nuestro aval.

Es bueno que sea así,
es maravilloso que el tiempo se deslice por lo bajo,
es una alegría estar aquí y que el agua nos haga falta

y que la suciedad nos aceche,
para recordarnos que el corazón es de todos,
bullicioso niño inconstante sobre el prado que vislumbramos
más allá de la estancia tapiada de los ogros,
esa que podemos echar abajo abrazados, jubilosos,
sin dudar.

Mario Bojórquez
(México, 1968)

MARIO BOJÓRQUEZ nació en Los Mochis, Sinaloa. Es autor de *Pájaros sueltos* (1991), *Contradanza de pie y de barro* (1996), *Diván de Mouraria* (1999), *Pretzels* (2005), *El deseo postergado* (2007), *El Cerro de la Memoria* (2009) y *Y2K* (2009). Recibió las becas de Jóvenes Creadores del INBA (1992-1993) y del FONCA (1994-1995 y 1999-2000), y como creador con trayectoria de DIFOCUR (1993-1994) y de los Fondos Estatales para la Cultura y las Artes de Baja California (1998-1999) y Sinaloa (2003-2004). En el año 2007 obtuvo el Premio Nacional de Poesía Aguascalientes. Actualmente es miembro del Sistema Nacional de Creadores de Arte y tutor de poesía en el Programa Jóvenes Creadores del FONCA.

Casida de la indignación

Enojado, perdido ya
en esa levadura amarga, por donde hoy
no sé si hoy o siempre
mi corazón se enciende
y horrible pulsación
fósforo y tea
arde impaciente
indignación.

Indignación se llama
este oblicuo malestar, y furia,
furia el destrozo que la sangre deja
al pasar de un órgano a otro órgano.
¡Qué recorrer de sangre, qué veneno
que vuelto contra sí, se contamina!

Indignación, acaso,
o náusea de injusticia;
pero no, seguro indignación
y sí coraje y rabia.

Silvia Castro
(Argentina, 1968)

SILVIA CASTRO nació en General Roca. Es poeta y fotógrafa. Editó los libros de fotografía *Anagramas, Sphera, Pehuén, Abra, Sin párpados, La soga de la ropa* y *Dulce Aldea / Copahue (2005-2008)*. Integró el grupo Tura de Tex de poesía, con el que publicó las plaquetas *Tura* y *Nos* (1994-1997). Como *performer* presentó *Los textos del Río, Laica* y *La Mujer de Shakespeare* (2007-2009). Es autora de los cuadernos de poesía *La selva fría* (2006) y *Tura* (2012). Tiene inéditos los poemarios «Isondú» y «Puelches».

Cartoneros I

no domina el cartón
el pliegue se vuelve

hay una anguila doblando un cartón
la caja está llena

afuera de la caja se guarda lo demás
lo que está ciego

lo que deja del cartón es
lo que se puede doblar

Cartoneros III

se lleva a sí mismo
en cuatro comidas

el peso neto
y el peso escurrido de la leche

el té del hijo de la merienda

residuos de la tarde
saquitos por si llueve

un castillo de cartas
para la cena

y un pedazo de mujer
para mojar

Cartoneros IV

el rey está hueco

entre el cartón y la madera
su atuendo
es la bruma del hambre

sus pasos retroceden en la escala de grises

la última verdad
no es la realidad

la única risa
señala el dedo tuerto

la pieza que falta
la que ríe mejor

Luis Chaves
(Costa Rica, 1969)

LUIS CHAVES nació en San José. Es poeta y traductor. Estudió Economía Agrícola en la Universidad de Costa Rica. Fue miembro fundador y coeditor de la revista *Los Amigos de lo Ajeno*. En 1997 ganó el I Premio Hispanoamericano de Poesía «Sor Juana Inés de la Cruz»; en 2001 obtuvo una mención en el Premio Internacional de Poesía del Festival de Medellín y en 2004 ganó el III Premio Internacional de Poesía «Fray Luis de León». Ha publicado seis poemarios: *El anónimo* (1996); *Los animales que imaginamos* (1997/1998); *Historias Polaroid* (2000); *Cumbia* (2003), versión preliminar de *Chan Marshall*; *Chan Marshall* (2005) y *Asfalto. Un road poem* (2006); así como la compilación *Antología de la nueva poesía costarricense* (2001).

La base de la sociedad

Daría lo mismo
que no hubiera nada en el refrigerador,
las cuatro o cinco cosas que lo ocupan
son incompatibles.
Mostaza, leche pasada,
tupper-ware vacío, película 135 mm.
Si su madre supiera
lo mal que se alimenta
sería lo de menos,
peor si supiera lo demás.

El sabor a gripe
que baja por la garganta
anuncia otra semana
de té, drogas legales y televisión.
Días en que, si no fuera
una frase tan cursi,
diría «no sé dónde
ni cuándo empezó la tristeza».

Su madre sabe lo mal que come
y lo demás también,
pero lo ve sin mirarlo,
mirando detrás de él,
hacia el pasado,
cuando abría su refrigerador

y de cada *tupper* sacaba
un bocado de familia funcional.

Texto fascista

Siglo IX d.C.

Uno de los ministros de la Dinastía Tang,
Po Chu Yi, conocido también como Bai Juyi,
escribió poemas inmunes al paso del tiempo.
El que su sirvienta
no comprendiera los borradores,
representaba motivo suficiente para tirarlos.

Siglo XX d.C.

Asisto por compromiso
a una lectura de escritores
exageradamente inadvertidos
fuera del círculo familiar.
No entiendo la mitad de lo que dicen.

Faltan tantos sirvientes en el mundo.

Estuve en colegios privados

Lupe cocina de lunes a viernes,
el fin de semana la dueña de casa
prepara sus exóticas recetas,
las de verdad.

Lupe plancha, dobla la ropa,
encera los pisos donde se reflejan
sus duras piernas nicaragüenses.
La familia se levanta de la mesa
para que la nica cene sola
la comida que ella misma adobó.

De noche Lupe no cierra la puerta
para que el señorito de casa entre,
de lunes a viernes
a manosearle las nalgas.
El fin de semana,
con su novio de Bluefields,
es el turno de las sesiones profundas,
las de verdad.

J.J. Junieles
(Colombia, 1970)

J.J. JUNIELES nació en el Caribe colombiano. Es autor de los libros de cuento *Todos los locos hablan solos* (2011), *El amor también es una ciencia* (2009) y *Con la luz que me queda basta* (2007); así como de los libros de poesía *Papeles para iniciar el fuego* (1993), *Temeré por mí al final de estas líneas* (1996), *Canciones de un barrio en la frontera* (2002), *Pasaje a tierra extraña* (2006) y *Metafísica de los patios* (2008). En 2002 obtuvo el Premio Nacional de Literatura Ciudad de Bogotá. En 2007 se le confirió la Beca de Residencia Artística Banff Centre for the Arts de Canadá y fue escogido por el Hay Festival de Literatura y UNESCO para el proyecto Bogotá 39: los 39 escritores latinoamericanos más representativos de la nueva literatura latinoamericana.

Vengo de un barrio en las afueras

Las calles de este barrio son serias como un ataque cardíaco.
Solares y descampados entre madera y matorrales,
un lugar donde pasa de todo y no pasa nada.

La risa de los muchachos anega futuras calles,
llantas comidas de caminos flotan en el barro,
la yerba crece entre sueños viejos de colchones abandonados.
Vidas duras que sangran canciones del Joe Arroyo
mientras ven pasar los autos como estrellas fugaces
que no esperan los deseos.

Aquí todavía la esperanza es una mata de sábila
detrás de la puerta —si tienes puerta—.
La tarde huye de este tramo atroz de la carretera,
la noche emancipada ha echado encima su vino oscuro.

Algo hay en el aire y no es confianza.
Aquí termina la ciudad, lo que queda de ella,
y empieza a escribirse la página roja de los periódicos.

Nicolás Prividera
(Argentina, 1970)

NICOLÁS PRIVIDERA nació en Buenos Aires. Es egresado de la carrera de Ciencias de la Comunicación (UBA) y de la Escuela Nacional de Experimentación y Realización Cinematográfica (ENERC). Dirigió *M* (2007), película que obtuvo varios premios internacionales, y *Tierra de los padres* (2012). Su primer poemario, *Restos de restos*, se publicó en 2012.

Escrito en una servilleta

«Hay que morir joven y dejar un himno».
Escribo un primer verso y luego nada. El rumor
de las voces borra
la duda, la línea que vacila,
mientras todo sigue del otro lado,
más allá del café y los signos que no pueden huir
del papel (las palabras tienen nostalgia
de las cosas) y sin embargo terminan
envolviéndolas, deteniendo fugaces
humedades, borroneando la eternidad
con un gesto incomprensible. Levanto
la cara y la veo —especular—
reflejada en el vidrio, sobre una camisa
negra que pasa bajo la lluvia en cámara lenta y
luego se desvanece, entre dos hombres grises
que conversan y conservan algo
de otras cosas, más trascendentes, tal vez,
que la tormenta. Y otra vez la nada. Me gusta
mirar la lluvia desde esta pecera, como
quien sigue la procesión desde la ventana. Siempre
llueve en los cementerios, y solo los muertos
no se mojan. Esa es la vida, piensan
los vivos, de los muertos: oír el roce
del agua, hundidos
en un mar inmóvil
que ya no sabe
mecerlos.

Vallejo 2001

Piden pan, no les dan. Quieren queso, les dan un hueso.
¿Mentar, después, la muerte de las ideologías?

Una chica abre las piernas, extráenle un feto, incinéranlo.
¿No hacer poesía, después de Disneylandia?

Un sueño penetra un hombre, lo despierta.
¿Cómo contar el fin de la historia?

Un burócrata vomitador de poemas es ministro.
¿No preguntar más por la lucha de clases?

Cosmos '90

Un acorazado en blanco y negro
todavía cree en la revolución,
a los pies de una escalinata en Odessa,
donde un león de celuloide sigue poniéndose de pie
como si el mañana no fuera ya pasado.

Los espectadores, un cuerpo que se disgrega
en cuanto termina la película, de espaldas
a la pantalla antes de volver a caer
por otra breve escalera hacia la puerta,
entre camisas pardas y cochecitos a salvo.

This is The end, y después
la luz de nuevo blanca, el día
es otra vez ese hormigueo,

el malestar en la cultura mientras huimos
por la calle sin mirarnos.

Mario Meléndez
(Chile, 1971)

MARIO MELÉNDEZ nació en Linares. Estudió Periodismo y Comunicación Social. Entre sus libros figuran: *Apuntes para una leyenda, Vuelo subterráneo, El circo de papel* y *La muerte tiene los días contados*. En 1993 obtiene el Premio Municipal de Literatura en el Bicentenario de Linares. Sus poemas aparecen en diversas revistas de literatura hispanoamericana y en antologías nacionales y extranjeras. A comienzos de 2005 obtiene el premio Harvest International al mejor poema en español otorgado por la University of California Polytechnic, en Estados Unidos. Durante cuatro años vivió en Ciudad de México, donde dirigió la serie Poetas Latinoamericanos en Laberinto Ediciones y realizó diversas antologías sobre la poesía chilena y latinoamericana. Actualmente radica en Italia. A comienzos de 2013 recibe la medalla del Presidente de la República Italiana, concedida por la Fundación Internacional don Luigi di Liegro.

Abrígate, Gladys

A Gladys Marín.*

Abrígate, Gladys
que la muerte tiene los pies helados
y una lágrima en la sien
No bastarán tus rojos huesos para este viaje
ni la saliva de tu corazón
Date trato
que hay lombrices añorando tus entrañas
tus axilas luminosas
tus rodillas que adivinan el país de los enanos
Ve despacio
no te olvides de marchar entre las tumbas
no te canses
y ojo con las hormigas que te deprimen
con aquellas que presienten tu color desde lejos
tu color sin maquillaje, tus encías de viento
tu cabello enjaulado que crece cuando ríes
compañera de las horas golpeadas
todo vale en esta noche sin orillas
donde la eternidad pasa descalza entre tus muertos
y tiene hambre de abrazarte
porque sabe que tus gestos resucitan
y se echan a volar sin despedirse

---

* Dirigente de la izquierda chilena que luchó contra la dictadura de Pinochet.

y se pierden en la patria de los sueños
y ya no vuelven
Qué harás ahora sin ti
sin tu esqueleto de pan mojado
sin tus pechos que ladran de orgullo
sin tus sábanas heridas
ahora que la ausencia se desviste para otros
qué harás bajo la tierra sin conocer a nadie
Abrígate, Gladys
y amarra bien tus cenizas por si te arrepientes

La playa de los pobres

I

Los pobres veranean en un mar
que solo ellos conocen
Allí instalan sus carpas
hechas de mimbre y celofán
y luego bajan a la orilla
para ver la llegada de los botes
curtidos de adioses
En la playa
la miseria se broncea boca abajo
el hambre toma sol en una roca
los niños hacen mediaguas en la arena
y las muchachas se pasean
con sus bikinis pasados de moda
Ellas tienden sus toallas de papel
y se recuestan a mirar el reventar de las olas
que les recuerda la forma de un pan

o una cebolla
Mar adentro nadan los sueños
Y ellas ven al vendedor de helados
acariciando sus pechos
o a ellas mismas en un viaje hacia la espuma
del que regresan con vestidos nuevos
y una sonrisa en el alma

2

Los pobres veranean en un mar
que solo ellos conocen
Y cuando cae la tarde
y el horizonte se desviste frente a ellos
y las gaviotas se desclavan del aire
para volver a casa
y el crepúsculo es una olla común
llena de peces y colores
ellos encienden sus fogatas en la arena
y comienzan a cantar y a reír
y a respirar la breve historia de sus nombres
y beben vino y cerveza
y se emborrachan
abrazados a sus mejores recuerdos
Mar adentro nadan los sueños
Y ellos ven a sus hijos camino de la escuela
cargando libros y zapatos y juguetes
o a ellos mismos regresando del trabajo
con los bolsillos hinchados
y con un beso pintado en el alma
Y mientras ellos sueñan
el hambre apaga sus fogatas

y se echa a correr desnuda por la playa
con los huesos llenos de lágrimas

Mi pueblo

Mi pueblo tiene frío cada día del año
tiene hambre y sed y juventud
Mi pueblo es un pedazo de madera
de cama que no alcanza para cuatro o para ocho
Mi pueblo tiene lluvia y viento
tiene caras dibujadas con ceniza
tiene manos que aplauden para no morirse
Mi pueblo no tiene nombre
no tiene edad ni edades
no tiene calles ni sonrisas
Mi pueblo no tiene Dios
la levadura y la sal vencieron a los santos
el agua de los grifos fue más pura que una iglesia
Mi pueblo es un resumen del amor cansado
es una biografía sin orillas ni rincones
un cadáver reciente
una copa que jamás será llenada
Mi pueblo tiene niños que parecen ancianos
y ancianos que se robaron los años
tiene mujeres con ojos apagados
y hombres cortados por la mitad
Mi pueblo tiene árboles sin troncos y sin hojas
tiene rosas que cambiaron su color
por un kilo de pan
Mi pueblo es una herida en el tiempo
una guitarra enferma y sorda y muda

una canción de nombres definitivamente tristes
definitivamente amargos
definitivamente olvidados en el gran sueño de la vida

Más allá de la guitarra

A Víctor Jara.

Más allá de la guitarra
están las manos separadas de la patria
un sonido de alas que arde
y quema mis zapatos
una invitación a orinar sobre la tierra
con la semilla pura del canto
Más allá de la guitarra
la sangre dibuja una música violenta
y la cabeza del cantor se llena de agujeros
y de besos con olor a muerte
Más allá de la guitarra
los caminos lloran
la lluvia llora y cae de rodillas
porque el hijo de la tierra
no completará sus pasos
Más allá de la guitarra
más allá del estallido
que apagó los corazones
más allá de este poema
y con la herida inolvidable
de un tiempo inolvidable
los ojos buscan a Víctor
más allá de la guitarra
y de la patria

Pedro Gil
(Ecuador, 1971)

PEDRO GIL nació en Manta. Coordina el taller literario de la Universidad Laica «Eloy Alfaro» de Manabí y está incursionando en la narrativa. Ha publicado los poemarios *Paren la guerra que yo no juego* (1989), *Delirium tremens* (1993), *Con unas arrugas en la sangre* (1997), *He llevado una vida feliz* (2001, antología poética que incluye *Los poetas duros no lloran*), *Sano juicio* (2003) y *Diecisiete puñaladas no son nada* (antología poética, 2010). Poemas suyos aparecen en varias antologías ecuatorianas y latinoamericanas.

Diecisiete puñaladas no son nada

A Bahieh, Tuti y Omid.

La pena de morir así no vale la pena.

OCTAVIO PAZ

Mi hermana muerta
Susurra una canción de cuna en el hospital
No te toca no es tu hora
Reposa ñaño
Rebeldía en los ojos
Sometimiento al latir del corazón.

Allá no se haga tu voluntad
Amiga de parias
Solo tu sufrimiento es perfecto
Perfecto el desangrar de la tarde
Lavado por una lluvia
Tan melancólica
Tan llorosa
Como la niñez perdida en un cementerio
De vivos en un pozo séptico de sacrificios
Pero tu miseria fue de lujo ñaño
Libros peleas ganadas a la humillación
Triunfaste
17 puñaladas no son nada.

El alma está lista para más
Miseria de lujo
El cerebro intacto, la bondad intacta
Esas blancas enfermeras bondadosas sonrientes
Esa mulata evitándote el desmayo definitivo
No cruces el puente
Eres demasiado bello
Por eso sigue buscando
La belleza no está entre nosotros
Los voluntarios fallecidos
Busca, busca
Sigue buscando ñaño que cuando estés
Listo La Muerte me ha dado la orden
De no dejarte inundar con sollozos.

Ruiseñor sin risa
Reposa, reposa mi hermano no te toca
17 puñaladas no son nada.

No puedo conceder tu petición
De fallecimiento,
No puedo
Susurra mi hermana muerta
Mientras cobija mi sueño
Cobija mi agonía.

Los asaltantes

Vagan por la Carretera Inmunda
donde los cuerdos
predican a los locos

han visto a la luna
nadar sobre amantes licenciosos,
a la mar abrirse para Dios.
Hay de todo en una Calle de Nadie.
Las madres solteras
cosen para olvidar.
Sudan dos cuerpos adúlteros.
Sudan y se aman.
Hora en que los santos fornican
en su propio infierno.
Hora
en que la vergüenza invade al solitario
después de la masturbación.
Las hembras del ambiente
usan nombres falsos,
penas reales.
Una niña abraza a su hija.
Arden cuerpos adúlteros.
Arden y se aman.
Tienden la sábanas conyugales.
Los asaltantes
se persignan, asustados ante la mirada del cielo,
(Solo quedan ruinas del
Museo de los Sentimientos).
El ingenuo se acerca
con un pan en la billetera.
Los asaltantes esperan,
ya acostumbrados
a la mirada del cielo.
Saben
que hay de Todo en una calle de Nadie.

Xavier Oquendo Troncoso
(Ecuador, 1972)

XAVIER OQUENDO TRONCOSO nació en Ambato. Es periodista y doctor en Letras y Literatura. Ha publicado los siguientes libros: *Guionizando poematográficamente* (1993), *Detrás de la vereda de los autos* (1994), *Calendariamente poesía* (1995), *El (An)verso de las esquinas* (1996), *Después de la caza* (1998), *Desterrado de palabra* (cuentos, 2000), *La Conquista del Agua* (2001), *Ciudad en verso*. *Antología de nuevos poetas ecuatorianos* (2002), *Antología de nuevos poetas ecuatorianos* (2002), *El mar se llama Julia* (novela infantil, 2002), *Salvados del naufragio* (poesía, 2005), *Esto fuimos en la felicidad* (Mención de Honor, Premio «Jorge Carrera Andrade», al mejor libro de poesía publicada en el año, Municipio de Quito, 2009), *Antología de la poesía ecuatoriana contemporánea. De César Dávila Andrade a nuestros días* (2011). Ha organizado los Encuentros de poetas jóvenes en su país y el encuentro internacional de poetas Poesía en Paralelo Cero. Ha merecido diversos premios nacionales como el «Pablo Palacio» en cuento y el Premio Nacional de Poesía, en 1993. Es director y editor de la firma editorial ELANGEL Editor. Hace parte del movimiento *Poesía ante la incertidumbre*.

Disposiciones del conquistador

Todos haremos fila
después del carnaval.

Nos repartiremos el mar.
Seremos padres
desde este lado del océano.

Llamaremos Indios a los héroes del Dorado
(que la reina los llene de apellidos).

Todos seremos
la ceniza de la tierra
que no pudimos encontrar.

Nos pondrán la cruz de la canela.

Fundación de montañas

En la montaña
fundaremos otra aldea.

Que pongan nieve esas nubes
en la frente de esos hombres.

Derritamos al río de las esmeraldas
en esa zona inhóspita
que se ve aún lejana.

Mueran los quitus.
Muéstrales el Dios de los hebreos.

Haremos un combate en silencio
y que los poros azules de su piel
se llenen con este océano triste.

No queremos este pan.
Hagamos trigo a la ciudad andina.

¡Que venga la reina
a contemplar estas joyas!

Esclavos de ónix

Llegando está el negro
con pómulos del sol de averno.

Los trajeron para hacer
      ónix a su raza,
      ceibo a sus raíces,
      vino tinto a sus agallas.

En ellos se han asentado
los fonemas de los pájaros.

¿En qué sangre quedarían
las orillas de sus sombras?

Gabriel Chávez Cazasola
(Bolivia, 1972)

GABRIEL CHÁVEZ CAZASOLA nació en Sucre. Es poeta y periodista. Publicó los libros de poesía *Lugar Común* (1999), *Escalera de Mano* (2003), *El agua iluminada* (2010) y *La mañana se llenará de jardineros* (2013). Ha participado en encuentros, lecturas y festivales de poesía en varias ciudades y naciones de las Américas y en España. Impartió talleres de poesía en universidades y centros culturales y actualmente ofrece uno en la ciudad boliviana de Santa Cruz, donde reside. Tiene también dos libros de ensayo y crónica publicados, y editó una vasta *Historia de la cultura boliviana del siglo XX*, en dos volúmenes, premiada como Libro Mejor Editado en Bolivia en 2009. Ha fungido como columnista en periódicos de su país y colaborador de revistas internacionales de poesía. Dirigió el Festival Internacional de Cultura de su país. Entre otros premios, ha recibido la Medalla al Mérito Cultural del Estado boliviano. Hace parte del movimiento *Poesía ante la incertidumbre*.

El hijo del verdugo

El hijo del verdugo no conoce el oficio de su padre.

El verdugo ya no lleva capucha como la llevaban antes
ni permite a su hijo asistir a las ejecuciones.

Suelen no usar uniforme los verdugos modernos
o por lo menos no un uniforme de verdugo.

Las hachas y el garrote vil pasaron a la Historia:
vistos por la calle nada permite saber a qué se dedican los
[verdugos.

Todo es ya muy aséptico y muy burocrático y muy tecnológico.

Es más, este verdugo que me ocupa
nunca ha matado personalmente a nadie, ni falta que le hacía.

A lo mucho habrá dejado unas cuantas familias en la calle vía SMS
porque era necesario para seguir puesto en su sitio.

De hecho, el hijo del verdugo piensa que su padre es un buen tipo
aunque tenga algunas mañanas el gesto taciturno
y a veces se le quede el tenedor rumbo a la boca
cuando van a almorzar fuera los domingos.

¿Qué será cuando crezca del hijo del verdugo?
¿Qué será de este niño?

Oliver Twist

Nació, como muchos hijos de la calle,
y su primera (o tal vez única) tibieza
fue el rescoldo del motor de un automóvil,
allí mismo donde fue parido y abandonado.

Lo adoptamos la mañana siguiente.
Lo bañamos, lo alimentamos, le dimos nombre.
En rigor de verdad, con el paso de los meses le dimos muchos
[nombres
como todos deberíamos tenerlos, de acuerdo con
nuestros cambios y los cambios de las circunstancias.
—¿Recuerdan la confederación de las almas de la que habló
Tabucchi?

Ni siquiera llegó a conocer el amor ni a multiplicarse.
No tuvo demasiadas alegrías, salvo las rutinarias
—compartir algunos ratos con otros seres, dejarse acariciar la
cabeza cada tanto—
ni demasiados pesares,
salvo una muerte horrible.

Lo encontramos una noche desangrándose por la boca,
con su interior destrozado.
—Cuentan ¿será posible? que tiempo antes de acabar con los judíos,
en algún lugar les quitaron sus perros y sus gatos y sus canarios, y
por crueldad o diversión los asesinaron de una forma espantosa.

Dije que lo encontramos pero en rigor de verdad lo escuchamos.
Daba alaridos bajo el auto
en el mismo lugar en el que fue parido
y que eligió para morir,

quién sabe buscando aquel rescoldo
esa primera (o tal vez única) tibieza
del motor recién apagado, que le dio la ilusión
de haber sido bienvenido en este mundo
y de que alguien o algo le decía adiós
cuando salía de él del mismo modo en que había entrado:
envuelto en sangre y solo,
exactamente de la manera en que suelen hacerlo
los muchos hijos de la calle.

Movimiento social

Contigo
las palabras
huelgan
hacen paro
de brazos caídos
se
bloquean
ayunan
se-cosen-los-
labios
crucificadas
en el silencio
terso
de las sábanas

Javier Bello
(Chile, 1972)

JAVIER BELLO nació en Concepción. Es licenciado en Literatura Hispánica por la Universidad de Chile y egresado del Doctorado de Literatura Española Moderna y Contemporánea de la Universidad Complutense de Madrid. Ha publicado *La noche venenosa* (1987), *La huella del olvido* (1989), *La rosa del mundo* (1996), *Las jaulas* (1998) y la plaquette *Jaula sin mí* (1999). Durante 1992 fue becario de la Fundación Neruda. En 1994 recibió el primer premio en la categoría «inéditos» en los Juegos Florales «Gabriela Mistral» de la I. Municipalidad de Santiago por *La rosa del mundo* y en 1998, un accésit, distinción que conocemos como Mención de Honor, en el VII Premio de Poesía «Jaime Gil de Biedma», Segovia, España, por su libro *Las Jaulas*. Ha sido galardonado con el Premio Hispanoamericano de Poesía «Juan Ramón Jiménez» 2006, el cual otorgan la Diputación Provincial de Huelva y la Fundación Juan Ramón Jiménez —también en España—, por el libro *Letrero de albergue*.

Sin título

los pobladores del entresueño, amable y ávido país
JUAN LARREA

Yo estoy con los pobladores del entresueño,
no soy igual a ellos pero los puedo oler cuando cruzan la noche.
Yo estoy con los pobladores del entrepiso que queda justo a mitad de camino
entre la cabeza y la lluvia, entre la cabeza y la intemperie.
Justo en mitad de la niebla somos sólidos ojos cerrados,
visiones del que hace sonar las campanillas cuando cruza la cerca de regreso a su casa
después de mucho rezar para volver.

Tenemos las rodillas tan largas,
caminamos oscuros
bajo la noche sola.
Yo estoy con la verdad de los muertos
si la loza de todos los patios se rompe
y los peones del asesinato se esconden tras los armarios del
[cementerio.

Yo estoy con la verdad de los muertos, de pie en la cabeza de los
[vivos.
Un poema es un nudo en la muñeca,
un poema es un encargo de fruta del más allá,

un poema es un cardo que en cada espina tiene escrito *recuerda,*
[recuerda,
recuerda.

Yo estoy con los pobladores del entresueño,
no soy igual a ellos pero los puedo oler
camino de ninguna parte.
Ellos vendrán, sus ojos serán ardientes
y tú hablarás, corazón de madera.

Jorge Galán
(El Salvador, 1973)

JORGE GALÁN nació en San Salvador. Ha publicado los libros de poesía *La ciudad* (2011), *El estanque colmado* (2010), *Breve historia del alba* (2007), *La habitación* (2007), entre otros. También ha publicado la novela *El sueño de Mariana* (2008) y los libros de literatura infantil *Los otros mundos* (2010) y *El premio inesperado* (2008). Ha ganado en tres ocasiones el Premio Nacional de Poesía de su país, en 1996, 1998 y 1999. En 2006 ganó el Premio Adonais de poesía; en 2009, el Antonio Machado; y en 2010, el Villa de Cox. Acaba de aparecer su novela *La habitación al fondo de la casa*, en el sello editorial Valparaíso. Hace parte del movimiento *Poesía ante la incertidumbre*.

Lo incontestable

En el frío de las tres de la madrugada
el rostro del niño anticipaba el alba.

Pedaleaba como si alguien estuviera por alcanzarlo.

La bolsa que cargaba sobre la espalda le dejaba una mancha
semejante al dibujo aún fresco de ciruelas maduras.
La oscuridad estiraba la mano para tocarlo.
Los animales de la sombra llenaban sus ojos con su figura.

Sabía que lo que llevaba no era un obsequio.

Sabía que los labios que le besaban en el cuello
ya no podían ser capaces de besar.

Lo sabía porque antes había visto los ojos de la niña
caer por acantilados abiertos por el hacha
dejando un rastro de sombra en mitad de la piedra.

El perfume de la sangre se había vuelto una colonia de insectos
que se escondían en su boca y en su nariz,
y casi había comido sin darse cuenta de la garganta de la niña.

La madrugada lo veía avanzar sin alcanzarlo.

Un silbido, el sonido de un disparo bajo el agua,
un chasquido de dedos que significa una orden definitiva,
en todo eso se había convertido mientras corría
hundiendo los pedales sobre la superficie de la sombra.

Luego de muchas calles se detuvo sin saber dónde se detenía,
dejó la bolsa junto a una puerta,
la cabeza rodó como una pelota de trapo,
el niño la detuvo con el pie como un bañista que de pronto
intentara detener el movimiento del mar.

El frío lo tomó por los hombros y le hizo dar la vuelta
para hacer el camino de regreso
hacia la oscuridad de donde había venido.

Algo sin alma retrocedió para perderse en las alcantarillas.

Las calles eran lomos de caballos sombríos que se despeñaban
en el abismo donde acababa la ciudad.
El niño saltaba sobre sus lomos. Se enredaba en sus crines,
corría de una a otra de sus ancas.

Cuando llegó al final no se detuvo, saltó
y abajo lo recibió una multitud.
Su frente se llenó de terribles besos verdaderos.

Las voces llenaron el aire hasta desbordarlo
como los aplausos de un teatro
al silencio brevísimo que se forma luego de un espectáculo
formidable.

Lejos, sobre las cimas donde no quedan hombres
ni sombras ni huellas ni lenguajes de hombre,
el alba era una iglesia. Y el sonido de sus campanas
eran una gran pregunta incontestable.

# Raquel Lanseros

(España, 1973)

RAQUEL LANSEROS nació en Jerez de la Frontera. Ha publicado los libros de poemas *Leyendas del Promontorio* (2005), *Diario de un destello* (2006), *Los ojos de la niebla* (2008) y *Croniria* (2009/2012). Asimismo, su obra ha sido parcialmente reunida en las antologías personales *La acacia roja* (2008), *Un sueño dentro de un sueño* (2012) y *A las órdenes del viento* (2012). Entre los galardones que ha recibido por su obra poética destacan el Premio Unicaja de Poesía, un Accésit del Premio Adonais, el Premio de Poesía del Tren 2011, el Premio «Antonio Machado» en Baeza y el Premio Jaén de Poesía. Hace parte del movimiento *Poesía ante la incertidumbre*.

Historia de la historia

Siempre hay hielo dispuesto para apagar el fuego de los hombres.
Cada vez que entre todos logran reunir las ramas,
el hogar,
la cerilla,
se cierne un viento esbirro sobre la pobre hoguera.
Hay inviernos que duran desde hace muchos siglos.
Inviernos tan tenaces cuya nieve,
como un soplo letal de las tinieblas,
enmudece los trinos en las calles.

Yo busco la madera bajo el hielo,
la madera debajo estoy buscando,
los cadáveres dulces de los árboles.
Y a lo lejos ya aúllan, ¿los escuchas?,
el granizo y la escarcha y el carámbano.
Ya vienen cabalgando. Nunca cejan.
Siempre hay hielo acechando el fuego de los hombres.

Demetrio Iramain

(Argentina, 1973)

DEMETRIO IRAMAIN nació en Buenos Aires. Es poeta y periodista. Tiene estudios incompletos en la carrera de Sociología. Es autor de *Poemas de mi yo concurrido* (2003) y *Tanta flaca infinitud* (1998). Desde julio de 2003 y hasta 2008 tuvo a su cargo el Periódico *Madres de Plaza de Mayo*. En la actualidad es el director de *¡Ni Un Paso Atrás!*, revista mensual de la Asociación Madres de Plaza de Mayo. Es columnista político del diario *Tiempo Argentino* y escribe regularmente en el sitio *Diario Registrado*.

Ejemplos

A Malena y Julia, a Elisa.

así, así, hijitas mías, sin pretensión de nada.
osadas como no saber y preguntar.
como los valientes, suaves.

astringe la tierra pero les dará de beber igual.

por más guerras que haya entre los hombres
nada secará la leche de sus pechos.

casados de hecho están el hoy día y todo lo que todavía
tiene que pasar.

como el color en la luz, hijas mías, este matrimonio.
¿qué dice esa mujer yendo a luchar o al amor como
quien viene del trabajo o al sueño se dirige?

así, Malena; Julia, así: concurridas siempre aunque solas,
multiplicadas en fracción como una clase social,
eso: la de ustedes, trabajadoras, que mamá y papá les dejamos
como herencia mayor, pobreza o desafío.

cuando la vida se les atragante en el tupé
saquen afuera el para sí y
hacia allí miren, siempre, hijitas:
las Madres de Plaza de Mayo.

Sociología

cuando max weber dióse cuenta que en el capitalismo prevalece
la acción racional con arreglos a fines, o sea:
el lucro la ambición el egoísmo, ¿se hizo comunista?

y carlos marx, desterrado, solo y miserable, sin casa, perro, ni
                                                                                                 [país,
¿escribió *el capital* para que los comuneros de parís,
angelitos, comprendieran aunque tarde, demasiado tarde ya,
muertos secos para siempre, *el manifiesto*?

y el otro: durkheim, *el emilio*, como le decían en el bar,
¿inventó la sociología según la naturaleza porque
quería ser pájaro o camello que viaje por el áfrica negra,
con sol, sin sed, como rimbaud u
otra especie animal cualquiera, pero hombre no;
ser social, eso nunca, y menos que menos
a esa altura dura del mundo (1858-1917)?

en cualquier caso, historia y ciencia no son sino una excusa
para jugarse todo el olvido en una sola existencia o vez,
ruleta rusa, monedita como un poema, la revolución,
la mujer que amamos (u hombre) —según—

Banderas

un hombre con mujer, ¿no sigue siendo hijo?
porque ahora ama y es correspondido, ¿olvida?
el que contempla, ¿no ansía más? ¿secándose no late?

a ver a ver: lo que no pasó mañana, ¿no es actualidad también?
¿lo real no abarca la revolución aunque falten compañeros para eso
y caídos, seguramente? ¿no se atraen el uno a la otra como
cuerpos que desandan y sí las distancias que se abren y no
durante los ejercicios del amor?

por ejemplo: lo que no es poesía, ¿prosa es?
¿huérfano quedó eso como hoja amarilla que
cayó en otoño y ya no es fronda?
¿olvidó tierra y sombra que diera un día o fue?

una suposición: pueblo que una vez mataron, ¿perdió?
¿alpiste a la mañana, de noche sopa, hay para él
de aquí hasta el final, ida y vuelta cien veces seguidas sin mirar?

¿qué es lo que no es prosa ni poesía y a veces ni siquiera palabra es
como: aguantar, estar triste, sangrar sudor o esa hemorragia
de euforia y soledad que suele llover de última epidermis para
adentro?

¿quién explicará el árbol sin sombra que aún trabaja de poste
[izquierdo
en el potrero, como esta rabia descosida en el pespunte del país,
escandalosamente vuelta sobre sí o viva a la altura de tantos
hermanitos que no están y se incorporan sin embargo izando
banderas sin mástiles, con soles a sus ojos que no ven y miran
todavía?

Felipe García Quintero
(Colombia, 1973)

FELIPE GARCÍA QUINTERO nació en Bolívar, Cauca. Obtuvo el título de Magíster en Filología Hispánica en el Instituto de la Lengua del Consejo Superior de Investigaciones Científicas de España (2005) y el de Estudios de la Cultura en la Universidad Andina Simón Bolívar, sede Quito, Ecuador (2003). Es licenciado en Literatura y Lengua Españolas por la Universidad del Cauca (1996). Desde 1995 dirige y edita en Popayán la revista de poesía *Ophelia*. Es director fundador de Ediciones Axis Mundi. En la actualidad se desempeña como profesor del programa de Comunicación Social de la Universidad del Cauca, en Popayán, Colombia. Ha publicado los libros de poesía: *Vida de nadie* (1999), *Piedra vacía* (2001) y *La herida del comienzo* (2005); así como las selecciones personales de poesía *Casa de huesos* (2002) y *Horizonte de perros* (2005).

Masacre

Junto a la mano abierta, cerca de la luz indomable del cuerpo, muy quedo en el pecho, la tibia ceniza latiendo.

El tañido de la sombra aún arde en el bosque, y entre los pasos lentos se abren los párpados de la noche.

Fugitivos matorrales de huesos.

Pájaro

A quien vive tañendo la sangre marchita del silencio en su corazón, y el insomnio del río le arrulla el sueño, yo lo imagino anidar sobre el hierro inmarcesible de la selva, picotear el óxido vegetal de los huesos, donde el horizonte, a tajos, se derrumba.

Para quien lejos canta y adentro vuela, y es cautivo del cielo, yo lo veo jugar con el aire que sostiene la mirada, embriagarse con el vino crudo del crepúsculo.

Esa tierra transparente de la música en los ojos se hace niebla voraz con el aliento.

Como savia la mañana crece adentro, y lenta surge la hierba invicta de la mano en la distancia, donde la lluvia se acalla y socava otras entrañas.

Carlos J. Aldazábal
(Argentina, 1974)

CARLOS J. ALDAZÁBAL nació en Salta. Publicó los libros de poesía *La soberbia del monje* (1996), *Por qué queremos ser Quevedo* (1999), *Nadie enduela su voz como plegaria* (2003), *El caserío* (2007), *Heredarás la tierra* (2007), *El banco está cerrado* (2010), *Hain. El mundo selk'nam en poesía e historieta* (2012) y *Piedra al pecho* (2013). Entre otros, obtuvo el Primer Premio del Concurso «Identidad, de las huellas a la palabra», organizado por Abuelas de Plaza de Mayo, y el Premio Alhambra de Poesía Americana (Granada, España). Hace parte del movimiento *Poesía ante la incertidumbre*.

El combinado

La radio solía contarle al tocadiscos
que en el 82 no ganamos el mundial
ni la guerra
que en el 86 nos tomamos la revancha
y en el 90 lo intentamos otra vez
pero fue en vano.

El tocadiscos solía contestarle
a esa radio idiota
«Los muchachos de antes no usaban gomina».

Es inútil, argumentaba,
estar bien arreglados
ante los que dictan las leyes del juego,
los desquites, para engañar y conformar
a los muchachos de hoy
que tampoco usan gomina
pero no saben el motivo.

En el cementerio de la Misión

Robertito Gómez
descansa en Río Grande.
Una pequeña placa

nos habla de un dolor muy remoto,
algún padre que esquilaba la oveja.

Quizás en las retinas de este muerto
descansen las imágenes
de los muertos de al lado,
esas tumbas anónimas,
testimonio de historia repetida.

¿Tuberculosis? ¿Tifus?
¿La gripe? ¿El viento oeste?
Muchas fueron las causas
para cubrir de huesos
el pasto de la estepa,
para que el fósil diga:
«Aquí vivió algún indio,
civilizado o bruto,
aquí quiso salvarlo
el cirio de la iglesia,
pero la luz fue tenue
y no ahuyentó la noche».

Una flauta de brisa
contamina el silencio
y en este sitio lejos
solo el mar es testigo
de un carancho chillando.

Son chillidos profundos,
son los roncos fusiles de la historia,
yacimientos del odio
que crecen en el tiempo

para que a los museos
no les falten los cráneos.

La jubilada

A los ejemplos de Kosteki, Santillán y Ferreyra.

Aunque los cristales se oscurezcan
y la lealtad trastabille en su propósito,
valdrá la pena haber sembrado de migas el aire,
pasto de la luz.

No es por sombra que la muerte disimula:
es por partícula de aire, por infinito decimal,
por miseria decidida y firme, por emboscada.

¿Dónde estarás cuando te busquen,
crepúsculo en lo alto, o nuevo amanecer,
o aventura que empieza, o país redimido?

Otro será el escenario.

El brillo crecerá hasta cubrirlo todo.

Y pobrecita la muerte sin su sombra:

toda huesito jugando a la payana,
acurrucada en la luz, narrando sus historias.

«Y si hubiera sabido», diría la muerte jubilada,
«si hubiera sabido, no me reía tanto».

Álvaro Solís
(México, 1974)

ÁLVARO SOLÍS es licenciado en Filosofía y cursa actualmente la maestría en Literatura Mexicana en la BUAP. Ha publicado los libros de poesía *Cantalao* (2007), *Solisón* (2005) y *También soy un fantasma* (2003). Obtuvo el Premio Nacional de Poesía «Amado Nervo» 2006, el Premio «Clemencia Isaura» de Poesía 2007 y el Premio Nacional de Poesía Joven «Gutierre de Cetina» 2007. Ha sido becario de la FLM y del FONCA. En 2013 ganó el Premio Alhambra de Poesía con su libro *Bitácora de nadie*.

Mitin contra la pederastia

Me gustan los mítines,
las inmensas aglomeraciones,
atestiguar la ira de las amas de casa,
al oficinista gritando consignas
y el hombre de la calle, el que verdaderamente vive en ella,
espera a que desalojen la plaza para acostarse en el césped
donde cada noche germina un sueño
junto al hediondo olor de las alcantarillas.

Me gustan las manifestaciones,
ser en la multitud el rostro
que nadie recordará mañana.

Betsimar Sepúlveda
(Venezuela, 1974)

BETSIMAR SEPÚLVEDA nació en Maracay, estado de Aragua. Es técnico superior universitario en Publicidad y Mercadeo y pedagoga. Cursa actualmente Literatura en la Universidad Autónoma de Bucaramanga, y Gerencia en Comunicación y Cultura en la Universidad de Córdoba, Argentina. Fue editada por primera vez en la antología poética *Dragones de papel*, merecedora del Premio Nacional a Obra Prima (2004). Tiene en su haber tres obras publicadas: *Ruta al vientre azul* (2004), *Cadáver de lirio* (2007) y *Profesión de fe* (2013). Se dedica a impartir talleres de promoción de lectura y creación literaria en Venezuela y Colombia.

Postales de Bogotá

Estación calle 76

Se abren las puertas del vagón, en segundos engulle y trasboca todos los cuerpos.
Ha echado a andar, entonces puedo verlos encriptados en sus trajes oscuros, como si sobre ellos pesara el luto de mil viudas. No es una tragedia, es un largo gusano negro que se ha comido el fin de sus historias.

Estación Héroes

El frío, ese ángel terrible se hace lento y pesa sobre la ciudad, devora sin prisas la expresión de sus rostros, la memoria de los cuerpos. Hay anchos abismos en las cuencas de sus ojos, tal vez por eso, no se buscan, no se hallan en el otro.
Caminan y yacen tan formales... tan lejos, van tan lejos de su propio centro.

Estación Flores

Se tocan, se evitan, se olvidan. Son una sola agonía, son el mismo eco profundo de esta ciudad que se repite en la lluvia, es necesario que llueva para lavarse de la muerte agazapada en las esquinas, para limpiar la mugre de los que crecen contrahechos en las grietas de sus calles.

Llueve, llueve y no hay consuelo, se lleva el agua la tierra, los sueños, los rostros de la ciudad.

Estación calle 22

Veo la pesada serpiente metálica arrastrándose lenta, lleva dentro hombres y mujeres de vuelta a sus casas, a sus camas, al matorral sombrío de las rutinas, a la belleza confortable de sus tedios.
Veo más, los veo a ellos, los otros.
Malabaristas, tragafuegos, equilibristas, recicladores, pordioseros, maní, tinto, flores, sexo, calendarios, desplazados.
Me convenzo que somos imperceptibles, que todos nos iremos de esta ciudad y ella no sabrá de nuestra ausencia. Ni el frío, ni la lluvia, ni la plaza ni el semáforo habrán guardado una breve imagen de nosotros. Después de todo, ¿qué hicimos para merecerla?
Pero ellos... los otros.
Su pan lo cotizó el parpadeo de un semáforo, encendieron el fuego y alimentaron los raquíticos perros, se desnudaron y dieron su sexo y su hambre, deambularon con sus fantasmas, cantaron a las esquinas, abrigaron con sus cuerpos los callejones y les entregaron los sueños a los demonios, cargaron la basura con solemnidad arzobispal, pero no juzgaron lo que sus ojos vieron, no visitaron templos ni honraron estatuas.
Oráculos obscenos, de sus bocas escuchamos siempre el mismo pregón, nada prometieron salvo el inventario de los puñales nocturnos.
Como los árboles, ellos se quedarán, permanecerán como las gargantas de sus muertos.
Son el milagro atroz que sostiene las noches de esta ciudad. Son la sangre brutal con la que se enciende el alba gris de esta ciudad.

Gabriela Wiener
(Perú, 1975)

GABRIELA WIENER nació en Lima. Es periodista y poeta. Sus crónicas y reportajes pueden leerse en la revista peruana *Etiqueta Negra*, de la que es corresponsal en Barcelona. Además ha publicado en el Magazine de *La Vanguardia*, suplemento «Libros» de *El Periódico*, *Letras Libres*, *Lateral*, *Primera Línea*, *Club Cultura*, *Paula*, *Revista In de Lan* (Chile), *El Ajo*, *El Universal* (México), *Travesías* (México), *El Comercio* (Perú), *Semana* (Colombia), entre otros. Se encargó de la sección de crónicas de la revista *Lateral*. Actualmente, tiene dos libros de crónicas en preparación. Es licenciada en Lingüística y Literatura. Como poeta guarda el libro inédito «Hechos en casa».

Foto en blanco y negro

la niña que será mi madre
coge un rifle
y me apunta con cierta sonrisa

si esa niña fuera mi amiga
le pediría su arma de fuego
y ambas dispararíamos al aire
para alejar a los curiosos

del cielo caería un ganso dorado

conociendo a mi madre
lo llevaríamos en una camilla de guerra
corriendo sobre la hierba
de los panteones
poblados de involuntarias flores
y trataríamos de convencerlo de que está vivo

esto no se verá en la foto
pero hay un momento en que yo
le arranco un ala
la empuño corriendo en dirección del viento
y le muestro a mi madre
por primera vez
(algo que piensa que ella me enseñó a mí)
la equívoca intersección del vuelo y de la pérdida

Pequeña hermana

Cuando estés dormida yo apagaré la lámpara de hueso
Que separa nuestras camas
La noche será breve como un apagón
Porque he hablado con Dios
Con doctores del sueño
Y me lo han prometido
Yo también prometo
Ayudarte a contar las bombas en el cielo
Y a desanudar nuestros estómagos
De la boca del animal sobreprotector
Que copula en nuestras pesadillas

Vuela
Vete lejos del país de los miedos infantiles
A tu vuelta tendré puesta la mesa
Con platos de juguete
Que nunca se enfrían
Nuestra comida preferida
De geranios robados
Y esas flores rojas de tallos lechosos
Que pueden dejarte ciega

Tendré nuevos collares de cuentas de colores
Para las tardes en que venga a visitarnos la muerte
Pondremos una cuenta por cada arrepentimiento:
—Pude haber sido más tierna
Pude haber sido más fuerte
Pude haber sido más revolucionaria—
El collar del remordimiento será un collar de dientes de bebé

(Ahora me confesaré: he hecho el ridículo tantas veces
Con mi colección de rostros tenebrosos
He sido el esperpento de los apagones
La asesina de osos de peluche
Una adolescente drogadicta
Quizás mientras todos hacían otra cosa
Yo me quedé alimentando demasiado rato
A los cisnes decadentes de Huampaní
Y a uno en particular
Pero ya no tiene la menor importancia
Ya no dibujo casas con chimeneas, caminitos y una bandera del
[Perú)

Ahora estoy aquí, yo soy la grande y tú la pequeña
Suenan todos nuestros discos uno tras otro
Y todas las canciones tristes son alegres
Más fuerte, más fuerte que este inmenso ruido de nuestras
[cabezas
Esta noche será breve y silenciosa
He hablado con los perros solitarios
Con las botellas rotas
He hablado con los terroristas
He vuelto a casa
Será como nuestro primer viaje en avión
Como una guerra de almohadas

Por eso vuela, rompe las nubes
Te veo esta noche como un pájaro fantástico
El de nuestra historia sin fin
Un enorme pájaro sonriente
Te veo como la primera vez que te vi
Reflejada al lado mío en un televisor

Blanco y negro
Apagado

Volveremos a comer melocotones blancos y pelados
En los patios de la clase media
Volverán nuestros juguetes tuertos y no nos reprocharán nada
Seremos las bailarinas paralíticas de nuestras cajas de música
Y esta vez nuestros pelos tendrán flores de verdad

No tengas miedo a las cosas que dan miedo
Ten miedo a lo que no da miedo
Piensa: la única oscuridad posible
Nos envuelve bajo la luz de nuestras frazadas perforadas
Ahí donde aprendimos a acuchillar sombras

Nuestros vestidos están esperándonos
Limpios y planchados sobre la cama
Tú bailas y yo te riego con la manguera
Sonríes dentro de mí
Como un *sticker* de estrella bajo el techo

Catalina González
(Colombia, 1976)

CATALINA GONZÁLEZ nació en Medellín. Es licenciada en Español y Literatura por la Universidad de Antioquia. Actualmente reside en Bogotá, donde se desempeña como editora. Ha publicado *Afán de fuga* (2002), *Seis cancioncillas (de agua salada) y otros poemas* (2005) y *La última batalla* (2010). En 2012 apareció la antología *Una palabra brilla en mitad de la noche*. Sus poemas han aparecido en revistas y antologías nacionales y extranjeras y han sido traducidos al francés.

El reino de los oficios locos

Los niños no deben sufrir la guerra,
pero hay quienes viven del ojo perverso
que quiere abarcarlo todo.

La muerte nos descalza uno a uno.
La fiesta se termina.

Una terca e impertinente bandera
se sigue batiendo.

Damsi Figueroa Verdugo
(Chile, 1976)

DAMSI FIGUEROA VERDUGO nació en Talcahuano. Ha publicado los libros de poesía *Judith y Eleofonte* (1995) y *Cartografía del éter* (2003). Es coautora del libro *Memoria poética / Reescritura de la Araucana* (2010). Ha escrito e ilustrado los libros para niños *Kimeltuwun, Labkenche nutxam / Educación tradicional mapuche para niños y niñas de Tirúa* y *Newen ñi Mapu / La fuerza de la tierra*. Su poesía ha formado parte de diversos libros antológicos y revistas de literatura, entre los que destacan: *Informe para extranjeros* (2001), *Latitudes Extremas / Ytterkanter* (2003), *Cantares: nuevas voces de la poesía chilena* (2004), *Tábanos: trece poetas chilenos* (2010) y *Poesía ante la incertidumbre*, editada simultáneamente en ocho países en coedición con la editorial Visor Libros de España.

Muelle de Tomé

Hacia dónde, dónde la cabeza de pez que lleva
sobre los hombros y bajo la lluvia el más ciego de los hombres
Viejo cuerpo de cera que se arrastra impiadoso de sí

Hacia dónde los miembros que se desgajan como un racimo de
[pasas
Hacia dónde el hambre y el polvo
y para qué.

Isla Quiriquina*

               Alguien espera en la soledad del muelle
Transparencia
                     esencia
               Anguilas luminosas

Alguien olvida el canto de la isla
          Con las manos atadas a la cintura
      alguien espera un nombre y una casa
              Negro
              arrebol

---

*   En esta isla Quiriquina, situada en la boca de la gran bahía de Penco, en el sur de Chile, la dictadura de Pinochet creó un centro de reclusión, tortura y desaparición de personas.

Anguilas luminosas

¿Quién viene por ti a esta hora?

Tu voz se aleja en el mar
               cantando

               un nombre
               escrito en el agua

        oleaje de versos negros
        las palabras

Mehuín

Cada día en Chile muere un río.
(Cada día Chile mata un río)

       Cada día un bosque muere
y en su tumba es suplantado
por un ejército de eucaliptos y pinos

Ay de mi país sin agua, río Cruces, Laja, Itata, Mataquito, Bio Bio

Cada día en Chile muere un lago
envenenado por la peste
de los peces hacinados, medicados,
mal nutridos con la sangre de otros peces

Ay Ranco, Llanquihue, Cochamó

Cada día un pueblo muere
un pueblo de mar de acantilados y rompientes

Desagua la industria papelera
un licor negro en el cauce amable de los ríos

y por los ríos llega al mar

Ay Mehuín, Laraquete, Iloca, Cobquecura.

Julián Axat
(Argentina, 1976)

JULIÁN AXAT nació en La Plata, Argentina. Publicó los libros de poemas *Peso formidable* (2004), *Servarios* (2005), *Medium* (2006), *Ylumynarya* (2008) y *Neo* (2012). Dirige la colección Los Detectives Salvajes. Editó la Antología *Si Hamlet duda le daremos muerte* (2010), que reúne la voz de cincuenta y dos poetas argentinos nacidos en los setenta. Actualmente vive en City Bell.

Asamblea permanente de poetas

A Alberto Szpunberg.

Se apoya la feria anual sobre bosta
que los entecos del odio arriman
en sus cacerolas cargadas de anagramas,
alfaguaras, mondadoris y demás escayolas
vendiendo al 100% desoficializan la parra dorada,
racimo de «tontos» poetas sin grito de Alcorta,
un Piatock cualquiera que lee las manos
de los que se le cruzan abracadabra-pata-de-cabra
y de golpe un cabrón que Bio-lo- ¿vio no? a Cati
que sale a dar discursos heraldo gris, ni siquiera negro,
hay que pararlo a ditirambos y cargarse
la boca de avituallas y centellarle versos,
sacarle ese sabor a matadero que le sobra,
y si la Asamblea no se junta a leer a escondidas la cábala de esa
[noche
vuelven a aparecer la saga de los Eugenios, los Equis, Clauditos,
perritos de ceniza de Madariaga oliendo
su bosta mientras nosotros imperceptibles,
silenciosos o ya desgarrados (nadie nos conoce, nadie nos sabe)
sostenemos la música de lo que viene.

Formas de hacer nudos de corbata

A Norberto Centeno, Salvador Arestín, Raúl Alaiz, Camilo Ricci, Carlos Bozzi, Tomás Fresneda, José Verde, María Argañaraz, María García, Néstor Enrique García Mantica, in memoriam.

Nudo simple

clásico nudo el más utilizado

Cae la noche marina

Nudo doble

se distingue por segundo enrolle

la tela se amolda al único punto vacío

Nudo Windsor

para ocasiones especiales

las jaurías deciden horcado para once

Nudo pequeño

bien ceñido a la garganta

la venda de la mujer cae cortada

Nudo mariposa

múltiples variaciones en colores

los ojos observarán todo negro

Los canarios románticos

*A los 17 jugadores desaparecidos
de La Plata Rugby Club, in memoriam.*

El pack se hunde contra el viento / mientras
hace el line y los forwards saltan / para contraer
la espalda del monstruo
La Plata va... susurran el samurái y / rompe /

La entrada del batallón / para que ingrese la tercera línea que /
se mantiene oblicua desde / la sensibilidad /
fulgura la mirada y un tackle que no llega a cortar el pase que /
el partido es ya / sueña cuando /
La Plata va... y los win forward se abren del maul

Un empate clavado / la noche se detiene / sin derrota

Y en el último minuto / se acerca al ingoal / salta y
recibe la ovalada... apenas la toca cuando /
cometa chueco viene bordeando la línea
corre en zig-zag como conejo / nadie ve esos pies / veloz /
imparable / fuga hacia el infinito.

En un tendal de rosas que / desde la platea llega /
deja fatigadas a las últimas estrellas / ahora atrás / mal paradas
y apoya la ovalada debajo de los palos.

Se abrazan / ríen victoriosos /
esperan la llegada de todos / para abrazarse/

El tercer tiempo / abre las puertas del cielo
para tomarlo / por asalto de Try.

Daniel Rodríguez Moya
(España, 1976)

DANIEL RODRÍGUEZ MOYA nació en Granada. Es licenciado en Teoría de la Literatura y Literatura Comparada por la Universidad de Granada (UGR). En 2001 obtuvo el Premio de Poesía «Federico García Lorca», convocado por la UGR, por el libro *Oficina de sujetos perdidos*. Además, ha publicado *El nuevo ahora*, en la editorial Cuadernos del Vigía. Con *Cambio de planes* (2009) obtuvo en 2007 el VI Premio «Vicente Núñez» en Córdoba. Su libro de poemas más reciente, *Las cosas que se dicen en voz baja* (2013), ha obtenido el Premio Internacional de Poesía Ciudad de Burgos. Es uno de los miembros del movimiento *Poesía ante la incertidumbre*, que reúne a poetas españoles y latinoamericanos. Desde 2004 codirige, junto a Fernando Valverde, el Festival Internacional de Poesía de Granada (fundado por ambos). De su obra crítica y de investigación literaria destaca el volumen *La poesía del siglo XX en Nicaragua*, publicado por la editorial Visor Libros en 2010.

«La bestia»
(The American way of death)

> *Somewhere over the rainbow*
> *Way up high,*
> *There's a land that I heard of*
> *Once in a lullaby.*
>
> E.Y. Harburg

> *Pero el horrible tren ha ido parando*
> *en tantas estaciones diferentes,*
> *que ella no sabe con exactitud ni cómo se llamaban,*
> *ni los sitios,*
> *ni las épocas.*
>
> Dámaso Alonso

Tan filoso es el viento que provoca
la marcha de la herrumbre
sobre largos raíles,
                travesaños del óxido...
Y qué difícil es
ignorar el cansancio, mantener la vigilia
desde Ciudad Hidalgo
                hasta Nuevo Laredo,
sobre el «Chiapas-Mayab» que el sol inflama.

Nadie duerme en el tren,
        sobre el tren.

Agarrados al tren
                todos buscan llegar a una frontera,
a un norte que a menudo se distancia,
a un sueño dibujado como un mapa
        con líneas de colores:
una larga y azul que brilla como un río
que ahoga como un pozo.

Atrás quedan los niños y su interrogación,
las manos destrozadas de las maquiladoras
que en un gesto invisible
dicen *adiós,*
                espérenme,
es posible que un día me encarame a un vagón.

Queda atrás Guatemala,
                Honduras, Nicaragua, El Salvador,
un corazón de tierra que late acelerado.

Las gentes congregadas muy cerca de la vía
con un trago en la mano,
el olor a fritanga y a tortilla
como si fueran fiestas patronales,
esperando el momento para subir primero,
y no quedarse en el andén del polvo,
montar sobre «la bestia», en el «tren de la muerte»
o esperar escondidos adelante,
en los cañaverales,
                con un rumor inquieto.
                Y esquivar a la *migra*
para poder entrar
        en la parte delgada de los porcentajes,

en el cuatro por ciento que, aseguran,
llega al fin del trayecto
más o menos con fuerza para cruzar un río.

Después habrá silencio durante todo el día,
                          un silencio asfixiante,
como un arco tensado que no escogió diana
y una tristeza
de funeral sin cuerpo
                        y paz de cementerio.

Es mejor no pensar en las mutilaciones,
en la muerte segura que hay detrás de un despiste.
O en los rostros tatuados
que igual que los jaguares amenazan,
aprovechan la noche y sus fantasmas
y ya todo es dolor y más tragedia.

Muchos cuentan historias de los que no llegaron,
                        de los que no volvieron,
pero no hay deserciones:
No existe un precio alto si al final del camino
se alcanza la promesa de un futuro mejor.
Aunque haya que bajar a todos los infiernos
                                merecerá la pena.

Es tan lenta la noche mexicana...
                      Bajo la luna inquieta
una herida de hierro y de listones
traza un perfil oscuro,
                  un reguero de sangre que seguir.

El olor de la lluvia sobre la tierra seca
se corrompe mezclado con sudor y gasóleo.
Es agua que no limpia, que no calma la sed,
                        que sucia se derrama
entre las grietas de la vieja máquina,
una oscura metáfora del animal dormido.

Con el amanecer llega el aviso.
Hay que saltar a un lado,
                la última estación ya queda cerca.

Escrito en un cartel: «Nuevo Laredo,
                        ¡Lugar por explorar!»
Pero no queda tiempo
                el *coyote* ya espera
para cruzar el río,
            atravesar desiertos,
y burlar el control, la *border patrol,*
los perros, helicópteros,
        ¿aquello tan brillante es San Antonio?,
el sol de la injusticia que percute las sienes.

Sopla el viento filoso en la frontera
y otro tren deja atrás el río Suchiate,
los niños, las maquilas,
              la arena de un reloj que se hace barro.

Transitan los vagones por los campos
donde explotan las más extrañas flores.
Pasan noches y días
como sogas del tiempo en marcha circular.

Cada milla ganada a los raíles
aleja en la llanura otra estación del sur.

Marcha lenta la máquina
                con racimos de hombres a sus lados.
El humo del gasóleo
difumina un perfil que se pierde a lo lejos.

Ha pasado «la bestia» camino a la frontera.

Avanza hacia el norte
                el viejo traqueteo de un tren de mercancías.

Francisco Ruiz Udiel
(Nicaragua, 1977-2010)

FRANCISCO RUIZ UDIEL nació en Estelí en 1977 y murió en Managua en 2010. Publicó los poemarios *Alguien me ve llorar en un sueño* (2005) y *Memorias del agua* (2010). Obtuvo el Premio Internacional «Ernesto Cardenal» de Poesía Joven. Parte de su obra aparece reunida en la antología *La poesía del siglo XX en Nicaragua* (2010). Es uno de los poetas incluidos en la antología *Poesía ante la incertidumbre*. La editorial Valparaíso publicó su *Poesía completa* con prólogo de Sergio Ramírez.

Posible graffiti para Hiroshima

Una japonesa me enseñó
a fabricar una grulla
para el desamparo,
la paz de un solo salvaje
que no tiene paz
ya dobló sus alas.

La bomba atómica privó
de cabello a dos niños
sino el recuerdo,
la bomba vació de ojos
a una mujer
y aún en la cruenta luz
expiramos los ciegos.

Un hombre dejó el dolor
incinerado sobre una pared.

A cincuenta y cinco años
el mundo debe
en su infamia preguntarse
¿Cuántas sombras seguirá
arrancándonos la muerte?

Dos poetas en un tren

Soñé que viajábamos en un vagón de tren.
Mi amigo despierta sobresaltado
y musita un poema de Roque Dalton,
entonces el vagón se vuelve más oscuro.

Mi amigo pregunta cuál es el rumbo,
hacia dónde vamos.
A esta hora la humanidad despierta en América, dice,
y empieza a llorar como un personaje de un cuento de barro.
El vagón se ilumina de vez en cuando.
Del pecho de mi amigo emerge una flor
que se abre y cierra cada vez que respira.

Poco a poco va conciliando el sueño
y el ruido del mundo se apaga.
Algo nos dice que hemos llegado a nuestro destino.
Despierto a mi amigo, lo muevo, lo consuelo y nada.

Su brazo permanece rígido contra su pecho.
Una cicatriz parecida a los rieles del tren
se desvela en sus manos.

Hellman Pardo
(Colombia, 1977)

HELLMAN PARDO nació en Bogotá. Es escritor, poeta y ensayista. Fue finalista en 2007 del Premio Internacional de Poesía Breve, celebrado en Buenos Aires, Argentina, con el libro *La humanidad de las cosas*. Recibió el premio nacional de cuento corto convocado por la revista SOHO, 2009. Fue becario por el programa RENATA del Ministerio de Cultura en la modalidad de cuento, 2009, y novela, 2010. Es colaborador de medios escritos y virtuales, tales como *Con-Fabulación* y *La Movida Literaria*. Ha sido traducido al japonés. Promueve el blog www.tierraliteraria.blogspot.com. En 2008 publicó *La tentación inconclusa*, en la colección Los Conjurados, bajo el cuidado de la editorial Común Presencia. Trabaja en la actualidad en su primera novela. Es fundador de la revista virtual *La Raíz Invertida*. En 2013 publicó *Anatomía de la soledad*.

Cumaribío (Breve discurso del águila)

En el río
un niño muerto sobre la humedad de la piedra.

En la piedra
un torvo gallinazo punzando la piel caída.

En el gallinazo
un viento desplazándose con urgencia.

En el viento
el tañido funerario de las desapariciones.

En la desaparición
otra inocencia profanada
                otro plumaje rompiéndose en el río.

Santo Domingo (El tamaño de la lluvia)

Digamos que un pájaro agorero dejó caer las zarzas del espanto.

    Digamos
por ejemplo
que la mañana se empozó en los carromatos de los niños
        o en la morosa jauría de los árboles.

Que las mujeres están acostumbradas a lavar todos los desastres
y los hombres
a sostener en sus lomos el tamaño de la lluvia.

Digamos que el pájaro aún arponea el cielo
                                    mientras deja caer
hojas de olivo
cargadas de espanto.

Jair Cortés
(México, 1977)

JAIR CORTÉS nació en Calpulalpan, Tlaxcala, México, en 1977. Es poeta y traductor. Ha sido becario de la Fundación para las Letras Mexicanas y del Fondo Nacional para la Cultura y las Artes. Es autor de los libros *A la Luz de la sangre, Tormental, Contramor* y *Enfermedad de Talking*. Con el libro *Caza* (2007) obtuvo el Premio Nacional de Poesía «Efraín Huerta» 2006. Coordinó junto con el poeta Rogelio Guedea el libro *A contraluz: poéticas y reflexiones de la poesía mexicana reciente* (2005). Escribe para el blog www.granadademanopoesia.blogspot.com.

Mapa de Reynosa, Tamaulipas

Si quitáramos a Reynosa de Reynosa,
del mapa extraerla con un par de pinzas,
y si de esas pinzas cayera esparciéndose,
escurrida como pegamento sobre todo el mapa,
¿en dónde quedaría Reynosa, las calles,
la esquina donde mi hermano y yo fumábamos?
Derramada sobre el mapa,
recortada
Reynosa está allá
en todas partes
y luego
una patrulla
¡Arriba las manos, pegadas a la pared!

Oscar de Pablo
(México, 1979)

OSCAR DE PABLO nació en Ciudad de México. Estudió Ciencias Políticas en la UNAM, así como Torno y Fresadora de Control Numérico en el CECATI No. 1. En 2004 publicó *Los endemoniados*; en 2005, *Sonata para manos sucias*; y en 2006, *Debiste haber contado otras historias*, con los cuales obtuvo, respectivamente, los siguientes premios: «Elías Nandino», «Jaime Reyes» y «Francisco Cervantes». Ha sido becario de la Fundación para las Letras Mexicanas y actualmente es becario del FONCA (jóvenes creadores).

Un problema de lingüística medioeval

Los barones normandos no entienden el sajón. Así, si un campesino dice, por ejemplo, que el diablo merodea en el Bosque Nuevo, los barones escuchan solamente un quejido de hambre ladrado en lengua bárbara que no vale la pena descifrar. Siempre es lo mismo.

En todo caso, no. ¿Cómo no ir a cazar al Bosque Nuevo, si para eso se hizo? Para tener a mano
un buen coto de caza, unos diez años antes, los barones
[normandos
quemaron las aldeas, arrasaron las tierras de cultivo
y en su lugar plantaron árboles enormes
y poblaron con ciervos importados de Escocia
los antiguos trigales. Ahora los campesinos aseguran
que el diablo merodea en el Bosque Nuevo. Ah, pero los
[normandos
no entienden el sajón.

Hoy Guillermo II, el de la cara roja, conocido también como Guillermo Rufus, descendiente lejano de Rollon el errante, hijo de otro Guillermo, apodado El Bastardo cuando vivió y que pasó a la historia como El Conquistador; hoy, Guillermo II, el de la cara roja, el hijo predilecto de Matilde de Flandes
y el hermano menor de Roberto Curthose, Duque de Normandía que partió a las Cruzadas y que quizá no vuelva; hoy, Guillermo II, que nació al otro lado del Canal

y no entiende el sajón ni ha de entenderlo nunca; hoy Guillermo
II, el disoluto, escándalo del mundo por sus vastas orgías, el que
no ha procreado herederos varones, el azote de Gales y de Escocia;
hoy, Guillermo II, el rey de los ingleses, sale de cacería hacia el
Bosque Nuevo.

Hoy una flecha sale
de lo oscuro del bosque, donde ayer hubo trigo amontonado y
aldeanas regordetas y hortalizas
y hoy solo hay grandes árboles y ciervos. Hoy una flecha sale de
[oscuro del bosque
y no encuentra en su ruta ningún ciervo
y no encuentra en su ruta ningún árbol. Hoy una flecha sale de lo
[lo oscuro del bosque
y recta va a clavarse, habiendo tantos árboles, habiendo tantos
ciervos, precisamente en el pulmón derecho
de Guillermo II, el de la cara roja, el rey de los ingleses.

Dicen los campesinos
que el Diablo merodea en el Bosque Nuevo. Ah, pero los
[normandos
no entienden el sajón.

Héctor Hernández Montecinos
(Chile, 1979)

HÉCTOR HERNÁNDEZ MONTECINOS nació en Santiago de Chile. Es licenciado en Literatura y doctor en Filosofía, Mención Teoría del Arte. Sus libros de poesía editados entre 2001 y 2003 aparecen reunidos en *[guión]* (2008), que es el primer volumen de su trilogía *La divina revelación*; *[coma]* (2006) es el volumen siguiente y reúne su trabajo poético de 2004 a 2006. Además, han aparecido los siguientes libros recopilatorios de su extensa obra: *Putamadre* (2005), *Ay de mí* (2006), *La poesía chilena soy yo* (2007), *Segunda mano* (2007), *A 1000* (2008) y *Livro Universal* (2008, en portugués).

Hijo, no regreses nunca a Casa

Hijo, no regreses nunca a Chile
tu patria ya no es tu patria,
tus amigos no te saludarán.
Solo polvo y ceniza es nuestra casa
y tu ropa se la llevaron los vientos del sur.
Sácate de la cabeza la idea del regreso
nada es como nunca
y nunca es peor
y peor y peor y peor.
Tus libros los saquearon quienes
alguna vez te leyeron
pero ya no,
no creas eso de que
todo océano vuelve a ser desierto
y toda montaña regresa a la profundidad.
Con quienes te acostaste hoy te niegan
y a quienes diste tus poemas
los han arrojado a la basura
y dicen que es estiércol.
No regreses nunca a Chile
porque estamos desapareciendo,
la muerte se murió
y el poder lo tienen los buitres
y las hienas.
Viaja por países
báñate en los mares que existen

y bebe de los ríos dulces,
escóndete del sol en cada árbol
sigue el camino de las nubes
y llora debajo de la lluvia:
sueña todo lo que no puedo soñar yo.
Hijo mío, tu país te odia
porque tú lo odiaste primero
maldijiste a la vanidad
y al fascismo,
se lo dijiste en la cara
y no apretaste los dientes
como tantas veces te lo dije.
Tus heridas fueron más profundas que las mías
y tu tristeza más grande que tú.
No pienses en regresar,
es en vano,
querrán escupirte y en la calle te insultarán
seguirán haciendo sus fiestas
para burlarse de todo lo que tenga que ver contigo
y se mofarán de cada una de tus palabras.
Ya no hay vestigios de ti
ni fotografías viejas,
los vasos donde bebiste cerveza
los han quebrado en nuestras ventanas
y todo lo que rompiste
me lo han venido a cobrar.
Los que eran tus más cercanos ayer
han sido quienes más se ensañaron
y vinieron a golpearme
para que no dijera nada sobre ellos.
Por eso te digo, hijo mío,
no quieras regresar a Chile

sobre todo por una última razón:
Chile eres tú.

La interpretación de mis sueños*

III

Lo que los diarios dicen
dejan de afirmarlo quienes ahí hablaron
y lo que aparece de manera directa y sin dilaciones
suele tornarse un paisaje lleno de sangre y humo
que son los colores del siglo recién pasado.

Lo que he llamado hiperdictadura
no es más que el tercer ojo del fascismo global,
el primero fue la dictadura milica
y su arrebato criminal de las libertades,
luego la postdictadura instaló el bienestar del individualismo
y una escena crítica engolosinada
con la vanguardia en el arte
pero no con una vanguardia política
limpia de cohecho y transa,
actualmente la represión y la vigilancia
carcomen nuestro albedrío
en aras de lo que ellos llaman seguridad
e inventan internos enemigos
en las ciudades y campos de Chile
para sembrar el terror y una panóptica mano dura;
pienso, siento y creo

---

* Fragmento.

que cuando en un país
la coerción tiene más importancia
que los derechos de cada uno
es un momento para volver a leer
los desacatos, las multitudes y las conciencias.

Mis amigos lo sabían de antemano
pero no se habían dado cuenta hasta ahora,
esta nueva sensibilidad estaba ya en sus poéticas
proletarias y bailables,
edípicas y callejeras,
atiborradas de delirio y ternura;
mis amigos lo han vivido
porque yo lo he vivido con ellos
y su intervención pública no es más
que una tristeza común que de tan íntima
ninguno podría querer representar nada
ni ser la voz de un tiempo
sino que apenas de las luces
que se prenden y apagan esta noche
para que nos tomemos de las manos y salgamos a caminar
en medio de las grandes calles,
nosotros,
muchos más que dos.
En este momento los poemas son advertencias
y lo punzante en ellos es una nueva polis
profundamente personal e inquietantemente colectiva
cuando todo esto que hablo
no tiene que ver solo con la crisis
de una generación mediocre de poetas y sus excepciones
sino que con algo que realmente importa mucho más

y es la posibilidad, aún, de una esperanza
para no dejarse morir de a poquito día a día.

No sé si se trate de una nueva épica social
    o sea más que el límite
hasta donde podemos aguantar el desencanto
pues ni los académicos de turno
ni sus refugios universitarios dieron luces sobre esto,
no han constatado estos seductores procesos
que resplandecen entre su emerger y su urgencia,
por eso la voz de los que ya no volverán
es más que un eco bajo tierra
y me dice dónde, cómo y a quiénes
poner el pie,
pisarles la cola,
enterrar el taco.

Somos testigos de un miedo atroz
    que si no es convertido en deseo
ni siquiera las cucarachas quedarán el día de mañana,
o tal vez algunas
pero esas desde siempre estuvieron muertas;
es posible que me esté saliendo del poema
no me importa
ya pronto me iré de mi país
donde me siento tan solo
que ahora soy todo para mí,
y más allá de eso
siento la angustia de lo que hace años
intuimos como una posible lucha
y hoy sea el más brutal acribillamiento desde el emporio,

por eso los que vivimos todavía de lo elemental
estamos llamados a no permitir que sea destruido
por esos que viven en un planeta
que está más allá de la mitad del mundo
pues nadie sabe muy bien lo que pasará
pero de algo sí estoy seguro
un ala radical ha emprendido vuelo
o se mira como pasa o se va con ella.

David Cruz

(Costa Rica, 1980)

DAVID CRUZ nació en San José. Es poeta, narrador y periodista. Ha publicado un libro de poesía, *Natación nocturna*, que fue ganador del Premio Nacional Joven Creación (2005). En 2012 su libro *Trasatlántico* fue ganador del Premio Mesoamericano «Luis Cardoza y Aragón». En 2013 publicó *A ella le gusta llorar mientras escucha The Beatles*. Su obra se encuentra recogida igualmente en antologías y volúmenes colectivos costarricenses e iberoamericanos, como *Región. Antología del cuento político latinoamericano*.

Oda digital

Un hombre camina sin rostro
entre la multitud.
Solo deseaba pastorear sus cabras
hacer el amor con su esposa.
Tiempo después su mujer recibe
la despedida Nanas de la Cebolla.

Un hombre cambia de apellido
cada mañana y olvida el verdadero.
La humedad de San Salvador
y el recuerdo a vodka
de la URSS
se le pegan al cuerpo
como si el hambre de vivir
fuera sarna
o alguna enfermedad incurable.

Un hombre sin lengua
escribe teatro,
porque es su única garantía
para no ser olvidado.
Años más tarde
en el diario *Tagesspiegel*,
un agente cita:

«Quería hacer una denuncia
a la Seguridad del Estado...
después murió de un infarto»

Soy un hombre carente
de rostro, apellido y lengua.
Estoy frente a una computadora.
Alguien cree que soy sospechoso,
de un crimen que no he cometido.

Fernando Valverde
(España, 1980)

FERNANDO VALVERDE nació en Granada. Ha publicado diferentes libros de poemas entre los que destacan *Viento favorable* (2000), *Madrugadas* (2003) y *Razones para huir de una ciudad con frío* (2004), que fue traducido al italiano bajo el título de *Ragioni* (2004). Con *Los ojos del pelícano* (2010), publicado también en Argentina, Colombia y México, obtuvo el prestigioso Premio «Emilio Alarcos» del Principado de Asturias. A lo largo de su trayectoria ha sido reconocido con distintos galardones como el «Federico García Lorca» y el «Juan Ramón Jiménez». Es doctor en Filología Hispánica y licenciado en Filología Románica. Se desempeña como periodista cultural del diario *El País* y codirige el Festival Internacional de Poesía de Granada. Con su poema «Celia» obtuvo el Premio del Tren «Antonio Machado» en 2012. Hace parte del movimiento *Poesía ante la incertidumbre*.

Con los ojos abiertos caminas por la muerte

En la última quebrada de los Andes,
donde la cordillera se hace piedras
que llenan los caminos
y caen como nevadas
donde pastan el hambre y la pobreza
y en las gasolineras
hay una calma muda que se apoya en el aire.

Alguien se llama Ernesto,
alguien dice tu nombre en el mercado,
o en caminos de tierra que atraviesan los niños
que comen los insectos
que se beben la sangre de los niños
y dejan en las puertas la marca de la altura
y unos viejos zapatos
sobre el tendido eléctrico
y unos viejos zapatos en los pies del que cruza
el último desierto de los Andes,
un valle en el dolor,
las piedras rotas que caen como tormentas
sobre esta soledad de cuerpos apagados
que lleva siempre hasta los hospitales.

Dicen que eres un muerto de los que nunca mueren,
que tus ojos mirando hacia el vacío
se han clavado en el techo del Hospital de Malta

que hoy ocupan el dengue y la tuberculosis
que pastan en la hierba
como animales pobres y delgados
que beben en los charcos
o se tragan el plástico de los contenedores.

Como la tierra de los cementerios,
nada puede callarte,
con los ojos abiertos caminas por la muerte,
alguien repite Ernesto,
ya se marcha la lluvia hacia otro lado,
alguien siente las piernas
pesadas como el plomo
y acaba en una cama del Hospital de Malta
una tarde de junio
ya ha terminado octubre
van a matar a un hombre
no cruzan los pasillos con su paso de fieras
no se escucha la huella de las botas
como en aquella tarde
de mil novecientos sesenta y siete
que fue la tierra para los cementerios
y los ojos abiertos la esperaron
en la lavandería
al otro lado de las cordilleras.

Ahora siente un dolor de sangre en las rodillas,
ha pasado la fiebre
ha cruzado la muerte hacia otra cama
se ha instalado en el gas que llega a la cocina
o ya ha puesto sus huevos en las pinzas
o sobre la destreza en los quirófanos.

Sucede así en el valle,
con lógica de hambre y la costumbre
de ver caer las piedras.

En las últimas horas de esta tarde de junio
el muchacho que lleva
la sangre coagulada en las rodillas
se sienta en una silla que se atranca en la hierba,
no hay ruido de helicópteros,
solo dos extranjeros entran al hospital
pero hay en sus gargantas una rabia durmiente
que no altera el silencio
de la lavandería.

Ellos van a volver a Santa Cruz,
pero el joven que arrastra
la pierna y las rodillas
ha nacido en el Valle
y ha visto que la muerte cruzaba el hospital
y hasta la calle Sucre
y la ha visto escondida en una madriguera de culebras
o en el agua estancada.

Él sabe que a la muerte no se entra
con los ojos abiertos,
tal vez porque sospecha
que no hay nada que ver,
alguien le dijo un día
que la ceguera es blanca,
será la oscuridad de cualquier modo
y no hay nada que ver,
y los ojos abiertos perdidos al vacío

siguen clavados en el techo
de la lavandería
mirando a algún lugar,
señalando un camino o sosteniendo
alguna dirección,
allí donde se rompen cordilleras
y las piedras se clavan en los ojos
y destrozan los huesos de los campesinos
allí fuiste a morir
a la ceguera blanca
traiciones que recorren las calles como cables
alguien te llama Ernesto en el mercado
o en las gasolineras
un joven atraviesa la hierba en una silla
ahora dice tu nombre
como quien busca alivio en medio del dolor
allí fuiste a morir
con los ojos abiertos.

Iván Cruz Osorio
(México, 1980)

IVÁN CRUZ OSORIO nació en Ciudad de México. Es poeta, ensayista y traductor. Terminó la carrera de Lengua y Literaturas Modernas Inglesas en la Facultad de Filosofía y Letras de la Universidad Nacional Autónoma de México. Es autor del poemario *Tiempo de Guernica* (2005). Poemas suyos aparecen en el libro colectivo *Espacio en disidencia* (2005) y en las antologías *Un orbe más ancho. 40 poetas jóvenes. 1971-1983* (2005), *Los mejores poemas mexicanos. Ediciones 2005 y 2006* (2006), *Anuario de poesía mexicana 2005 y 2006* (2007), *El rompimiento amoroso en la poesía* (2006), *Vigencia del epigrama* (2006) y *La luz que va dando nombre [1965-1985]. Veinte años de la poesía última en México* (2007). En 2008 obtuvo el primer lugar en el I Certamen Internacional de Poesía «Bernardo Ruiz».

9/11

Con qué certeza
nos encaminaban al matadero,
con qué abyecta paciencia
consumieron generaciones
y orinaron a nuestros muertos.

Hoy, la abundancia de sus certezas,
la abyecta paciencia de sus legiones
se mide en el raudal de sus escombros.

Manuela Sáenz

Si me besaras esta noche,
yo recorrería todas las barcazas
de La Guaira
para contar viejas historias de muertos,
para decir con palabras dulces
todo nuestro desamparo,
para derrocar un imperio
y hacer una revolución
con mi dolor desnudo.

Para cantar una cueca triste
de tus hazañas
a los ojos oscuros
de todos los navegantes

para que ellos
la lleven por el mundo.

Si me besas esta noche
no caería este inmenso vacío sobre mi alma,
y algo de lo que hemos perdido
quedaría intacto entre mis manos.
Porque ya no puedo reconstruir tus gestos,
tus palabras,
porque todo se ha vuelto el áspero sabor
de la demora.
Solo tengo el pesimismo,
las ventanas sin sol,
y el temblor
de los que dejamos nuestra vejez
al olvido de la patria.

Si me besaras esta noche
entonces mi corazón seguiría despierto.

Andrea Cote
(Colombia, 1981)

ANDREA COTE nació en Barrancabermeja, Santander. Estudió la carrera de Literatura. En el año 2002 publicó su primer libro de poemas, *Puerto Calcinado*, Premio Nacional de Poesía Joven de la Universidad Externado de Colombia. Recibió en el año 2005, por el mismo libro, el Premio Mundial de Poesía Joven Puentes de Struga, que es otorgado por la UNESCO y el Festival de Poesía de Macedonia. Poemas de *Puerto Calcinado* han sido traducidos al inglés, italiano, macedonio, alemán, francés y árabe, y han sido incluidos en varias antologías de poesía. En el año 2005 publicó el libro *Blanca Varela y la escritura de la Soledad* y la biografía *Una fotógrafa al desnudo*, acercamiento a la figura de la fotógrafa italiana Tina Modotti. Hace parte del movimiento *Poesía ante la incertidumbre*.

Siembra triste

No salgas al campo vacío
todo sembrado por debajo
del dolor todo.
No bebas el agua de los ríos
debajo de los que duermen
las ciudades extraviadas.

No mires de frente a los árboles
Porque ellos están humillados,
y ocultan las rojas raíces en los hoyos del aire.

No salgas al campo
y las piedras no te hablarán de su sed
y la selva no será odio
y la aurora no será horror.

No salgas y no habrá otro espanto
que el de este
redondo fondo sembrado de lo muerto
donde aún, ahíto
y diezmado,
te amenaza el amor.

Casa de piedra

Era corriente
y deslucido
y mohíno
el ademán,
con que dábamos la espalda a la casa de piedra de mi padre
para ondear faldas floreadas
y de luz
en nuestro puerto desecado.

Por primera vez
y sin nodriza,
bordeábamos la arcada de la tarde,
todo para no ver
las manos de piedra de mi padre
oscureciéndolo todo,
apresándolo todo,
sus palabras de piedra
y cascarrina
lloviendo en el jardín de la sequía.

Y nosotras en fuga hacia calles blanqueadas
y farándula de mediodía
y ellos repitiendo
en la puerta de piedra:
catorce años,
falda corta,
zapatos rojos sin usar.

Éramos en avidez musical
y de fasto

y malabares,
ante la lustrosa acera,
antes de quedarnos parados
y sin voz
para ver la desolada estampa,
la ruina.
Pues el silencio,
que no el bullicio de los días,
atraviesa.
El silencio,
que es que son treinta y dos los ataúdes
vacíos y blancos.

Alejandra Sequeira
(Nicaragua, 1982)

ALEJANDRA SEQUEIRA nació en Managua. Ha publicado el libro de poemas *Quien me espera no existe* (2006). Obtuvo Mención de Honor en el IV Concurso Nacional de Poesía «Mariana Sansón» 2006. Ha sido incluida en diversas antologías centroamericanas y de México, así como en revistas literarias de Chile, México, Estados Unidos, Cuba (Casa de las Américas) y Centroamérica. En Nicaragua, aparece en *El Hilo Azul*, revista dirigida por el escritor nicaragüense Sergio Ramírez, y en *Soma*, publicación en línea realizada por escritores jóvenes, entre otras. Su obra también ha sido publicada en suplementos literarios de su país y blogs literarios.

Invierno en Managua

Camila corta sus pies para no saltar los charcos:
el invierno
no ha sido como esperaba.

Pobre niña sin pies
mutilada de ausencias vive
y el invierno no es aún
                     lo que espera.

El invierno levanta su falda y la lluvia cae

       verde.

Pobre niña sin pies
la soledad no le alcanza en los zapatos.

Detrás de la arboleda

se esconde la violencia:

en el camino polvoriento del olvido
una niña
ha dejado de ser niña.

Víctor Manuel Pinto
(Venezuela, 1982)

VÍCTOR MANUEL PINTO nació en Valencia. Es poeta, editor y profesor universitario, así como licenciado en Educación, Mención Lengua y Literatura, por la Universidad de Carabobo, donde cursa un Doctorado en Ciencias Sociales, Mención Estudios Culturales, y una Maestría en Literatura Venezolana. Es jefe del Departamento de Literatura de la Dirección de Cultura de la UC, donde dirige la revista *POESÍA*. Coordina el Encuentro Internacional POESÍA Universidad de Carabobo e imparte talleres de creación poética. Ha publicado los libros *Aldabadas* (2005), *Mecánica* (2007), *Caravana* (2010), *Voluntad para no matar* (2011) y *Poemas reunidos 2005-2011* (2012). Ha obtenidos varios premios nacionales e internacionales por su trabajo poético.

Armado

Brillante entre mi puño
hacia un hombre que imagino.

Pistola de la venganza.
Con ella los derribaré.

Pistola de la justicia.
Mi cobardía, el *mí* que posee todo,
tú nos amparas.

Un milímetro apenas,
así de poco alcanzo a ver
el verdadero calibre de mi cuerpo.

Quizás en *mí* hay bondad,
por *mí* no se lava la sangre de las aceras.

Tengo las manos tan limpias.

Pistola de mentira.
Imagino y veo que cae el hombre
por la misma mano
que le ofrecí sonriente.

Pistola del sueño.
¿Quién imagina?
¿Quién dispara?

Tiroteo

El *cuerpo*:
Las cosquillas en las piernas nos tumban boca abajo.
En el centro del tronco la vibración
muscular de la sangre cambia
de vapor a humedad la temperatura de la piel.

El *cuerpo* nos arrastra por los codos
cubriéndonos a pesar de nosotros
que nunca sentimos su protección.

El *pensamiento*:

es la mente
que iguala un tiro a una fotografía.
Es la mente
que iguala un tiro a un golpe duro en una lata.

Es el *pensamiento* a pesar de nosotros
que nunca sentimos su arrastre y nos revela:

—lavando sangre de la calle
—golpeando a un hombre en la boca
—recogiendo al amigo / hablándole a su fotografía.

La *emoción*:

una parte se limpia y agradece...
otra maldice y se ensucia con la tierra
de la santidad del campo.

Atraco

—*Quieto*
contra la pared

me cuesta soltar mi nombre.

El *mío* que desorbita con violencia los ojos
cuando se asalta al cuerpo en quietud.

No soy ni el *dueño* de mis funciones:

—moviendo todo el día la pierna
—apretando muela sobre muela

por la ira en presión / por miedo a perder
las cosas donde me extiendo y pierdo
rápido por esquinas.

—*Quieto ahí*
contra la pared

—la pierna tranquila
—muela sobre muela sin tocarse...

busco la quietud que me exiges.

Javier Alvarado
(Panamá, 1982)

JAVIER ALVARADO nació en Santiago de Veraguas. Es candidato al Máster en Bellas Artes en Teatro por la Universidad de Panamá. Ha sido galardonado con el Premio Nacional de Poesía Joven de Panamá «Gustavo Batista Cedeño» en los años 2000, 2004 y 2007; con el Premio de Poesía «Pablo Neruda» 2004 y el Premio de Poesía «Stella Sierra» en 2007. Fue poeta residente por la Fundación Cove Park, Escocia, Reino Unido, 2009, y obtuvo Mención de Honor del Premio Casa de las Américas de Cuba en 2010 con su obra *Carta natal al país de los locos (Poeta en Escocia)*. Le fue concedido el Primer Premio de los X Juegos Florales Belice y Panamá; el Premio Centroamericano de Literatura «Rogelio Sinán» 2011 en poesía con el libro *Balada sin ovejas para un pastor de huesos*; el Premio Internacional de Poesía «Rubén Darío» de Nicaragua por su libro *El mar que me habita*; y el Premio Internacional de Poesía «Nicolás Guillén» 2012 por su libro *Viaje Solar de un tren hacia la noche de Matachín*. Otros de sus libros son *Tiempos de vida y muerte* (2001), *Caminos errabundos y otras ciudades* (2002), *Poemas para caminar bajo un paraguas* (2003) y *Aquí, todo tu cuerpo escrito* (2005).

Matachín*

Siempre anduve de paso, mirando la vida que corre
en algún tren opuesto al mío.

EUGENIO MONTEJO

Despierto ahora que no quedan destellos en el pueblo
Cuando no quedan restos de manos
Acariciando el lomo de las puertas,
Alguna vela desterrada (si es que podemos descifrarla)
Alguna sombra colgando de un árbol (si es que el tiempo la ha
[dejado
Tejer una guirnalda, un légamo de trenza).

Escribo con el temblor de las palabras
Mientras el invierno
Teje una corona de sí mismo;
Mientras los pájaros dormitan
En otro silencio, en otro bosque, en otra selva,
Cuando todos desertamos de esa oscuridad
Que ya viene, que ya se fue y que llama a nuestros rituales con
[voz ronca
Como una llama de sangre que incuba las parcelas
Cuando raspamos una piedra contra otra,
Buscando el albur de nuestro tedio.

---

* Pueblo donde se dio una gran ola de suicidios por parte de asiáticos durante la construcción del ferrocarril transcontinental y transístmico por el istmo de Panamá.

Es una hora en que todos se han marchado
En que partimos hacia épocas añejas
Con zapatos nuevos y ojos advocados al misterio
Con un dragón de escamas gualdas,
Con nuestras familias arrancadas de raíz,
Con el último intento del gallo de asir la tierra,
De alejarla de su cresta y rotar la muerte en su plumaje:
Cuando ya no me escucho, cuando ya no me oyen
Cuando en vano trato de plantar los rieles y durmientes
Y sobrevive un cántaro roto a las cuentas de la lluvia y los
                                                  [dictámenes del día
Cuando nos embarcaron desde Cantón para alborear la esfera
Para vislumbrar alguna pagoda en el paisaje.

Dejamos atrás nuestra ciudad,
El aroma lírico que transcurre en nuestro tiempo,
Algunas brazadas hacia el loto abierto del estanque,
Hacia nuestros sueños, algo de nuestras vidas inconclusas,
                                                    [fragmentarias,
Algo de nuestros dioses
Que en esta parte de Panamá aún respiran, prevalecen,
Mientras me devora un sol
Para llenar mis pupilas con los colores asaetados por el trópico;
Cuando un tren enmudecía en el pecho
Y se rumoraba
Que entristecíamos por falta de opio, que el opio no habitaba
                                                    [nuestros huesos
Como las oscuras voces que se debatían por ser grullas en la
                                                    [montaña sagrada.

Pero aun así, vestimos con sedas preciosas
Y amamos a nuestros hijos y mujeres

Condensando una huella que viene de tan lejos
Que se esfuma, que retorna, que muere contigo;
Era como recordar la siembra
Y la evocación empapada de nuestro padre,
Disputando las espigas de arroz
Y el monzón que se adviene —como hálito tardío—
Mientras el corazón se nos repliega
Con ese ruido de locomotoras que pasan
Y cada una de nuestras vidas es un durmiente
Y cada una de nuestras muertes es un riel demenciado entre las
[piedras.

Algunos se amarran guijarros
Y deletrean el curso sanguíneo de los ríos,
Otros empiezan a tallar lanzas de palo y luego hunden
Esa inocencia de árboles al cuello,
Algunos pagan por decapitaciones
O se sientan amordazados en el borde lastimero de la playa
Para que el mar los resida con sus pies de tentáculos
Y sus lágrimas de espuma
O toman sus trenzas
Y se anudan a las ramas y estallan sobre la tierra como frutos
Y cuelgan con sus grandes pantalones al viento
Como aguardando al eco,
Al aluvión que atesora lo parsimonioso de sus pasos,
A sus tés medicinales que desborda la tormenta.

Yo no puedo recordar el llanto de esa gente
Y la desolación que corre por sus ojos.
El istmo cuelga de un moño chino
Cuando no quedan restos de manos
Acariciando el lomo de las puertas;

Mientras recorro las historias de Matachín página por página;
Ahora que parto en tren
Y que ya no quedan destellos
De ahorcamientos
En el pueblo.

Los ojos de la historia

Nadie puede ver una estrella después de estos extramuros,
Murmuró el anciano que cortejaba a las huestes de la sombra,
Aquellos batalloneros que cayeron irremediablemente en la
[noche de diciembre,
Cuando las piezas del nacimiento se quedaron a oscuras y el
[Señor bajó temblando
A recoger los espectros y los restos de los cabritos que quedaron
quemándose en la ausencia
Cuando bombardearon sin piedad las casas de mi sangre,
Mi pueblo que nunca se volvió a levantar como las aves en el
[infierno de cocina,
Y nadie pintaba entonces la libertad guiando al pueblo pues
habían quedado ciegos todos los Delacroix
Y la libertad misma fue recogiendo los ojos dispersados por las
[calles de mi patria
Pero fue poniéndolos en cuerpos distintos y ahora ya nadie sabe
[bien la historia,
En fin, cada uno tiene: *Su verdad.*

Pupusas de oro para Roque Dalton

Nadie podrá despertarlo
Ahí con su historia mortal con las desapariciones

Si aquí comió la pupusa de oro, la pupusawa de los dioses
Si la noche de Cihuatán nos arrastra con sus ruedas
Con sus dínamos de odio
Y con las inscripciones de ópalo y la piedra,
La piedra angular
Que llora como una casa herida por badajos y campanas
Si portamos la danza de las flores en la fruición del obelisco
Si nadie se escapa del cerro de Guazapa con el destello de las
[almas funerales
El hundimiento de los barcos de guerra en las orfandades del
[polvo
Las ruinas del mundo con sus primeros guiñapos
La piel de culebra se inclina ante tu sangre
La cascabel y la mapaná se enroscan en tus manos con sus senos
[de mandrágora,
Arrastrando sus perdiciones como una edad nunca vista,
Como un héroe que se entierra solo sin la rendición de un
[epitafio,
La cabellera de Berenice se reduce a tu pecho como una Medusa
Que se aclimatara con sus liendres y constelaciones de acetato;
Porque sucede que el gran daltónico amarra su caballo a los
[espejos
Y los espejos tienen sed por lo traidores y algo lejano estalla
[como un galope;
El gran daltónico ve en cada árbol la sangre de su pueblo
Rojo y verde en las conjugaciones de las avispas
Rojo y verde se adiestran a la furia de mis córneas
Los aguijones de candado y los regimientos que crecen
[violineando en cada hora
Porque sale la nube y su destello
Ese sol que se desparrama en amplios círculos
Paisito mío vení vení

Y nadie arroja una moneda al niño de plata con sus tamalitos de
[elote,
Una verdad sucedánea que se incrusta a la boca ecuestre de los ríos
Los disparos ciegos que nadie oye
Como águilas cuajando tu esqueleto
El aleteo de los desaparecidos oteando las desapariciones,
Centinela de las brumas que portan la llave de la noche
Legión de realidad para los que engullen las perforaciones de la
[música,
Ese rugido de lo total que se ensancha como una bala calcárea en
[todo el invierno.

No hay cabida para el mimo o la pena
Y te has asilado al cuenco de la mano
Con un trineo arrullado por los lobos
No hay más que este miedo de pertenecer a la sombra
De hallar un dedal y una aguja y coser la mortaja para algo que
[nunca has visto
Capitán sin mando en la barca de las visiones
Una canción de náufrago para los sueños que momifican la tiara
[del futuro
Y allí está ese ángel que fulgura sin nombrarnos.

Vamos a beber tu himno en cada copa
Cabiendo en los labios como el pan necesario.
Habrá una lámpara aromática que levantaré no estando ciego.
Este poema sin taberna
Que se levantará por aquí y en todos los lugares.

Alí Calderón
(México, 1983)

ALÍ CALDERÓN nació en Ciudad de México. Es poeta y crítico literario. En 2007 recibió el Premio Latinoamericano de Poesía Benemérito de América. Fue merecedor del Premio Nacional de Poesía «Ramón López Velarde» (2004) y becario de la primera generación de la Fundación para las Letras Mexicanas (2003-2004) y del Fondo Nacional para la Cultura y las Artes (2009-2010). Es autor de los poemarios *Imago prima* (2005) y *Ser en el mundo* (2007); del libro de ensayos *La generación de los cincuenta* (2005). Fue coordinador de las antologías *La luz que va dando nombre 1965-1985. 20 años de la poesía última en México* (2007) y *El oro ensortijado. Poesía viva de México* (2009). Es cofundador de la editorial y la revista *Círculo de Poesía*. En 2012, Valparaíso Ediciones publicó su libro *En agua rápida*. Hace parte del movimiento *Poesía ante la incertidumbre*.

Democracia mexicana

otro cadáver encontrado en una bolsa negra
cerca de ahí un cuerpo el viento un puente
a dos cuadras:
una cabeza hirsuta ojos abiertos
entre otras noticias: treinta ejecutados el fin de semana tiro de
gracia algunos con marcas de tortura el rescate fallido de un
secuestro un dedo un anillo un hato de periódico
entre otras noticias: terminaron e iniciaron las campañas hay
buena voluntad en Washington la reforma migratoria este
bimestre se abate en un punto la pobreza el bienestar la dicha

a lo lejos el escape de un camión

y después el silencio

abren la bolsa negra
el hedor el moho en la carne:

una recién nacida

Ángela Barraza Risso
(Chile, 1984)

ÁNGELA BARRAZA RISSO nació en Santiago de Chile. Desde el año 2007 trabaja en la Editorial Fuga y es organizadora del ciclo de lecturas Los Desconocidos de Siempre. Fue becaria de la fundación Neruda y también del centro cultural Balmaceda Arte Joven en las ciudades de Santiago y Valparaíso, respectivamente. Ha publicado una serie de *plaquettes* por la Editorial Fuga. Textos suyos han aparecido en las antologías *Conrimel*, *Talleres de Balmaceda Arte Joven*, *Desmanes* y *Voces de la memoria*, que se realizó para conmemorar los cien años del partido comunista; en la revista digital *La Siega*, así como en las acciones del colectivo Casagrande, en los bombardeos de poemas sobre Varsovia y Berlín. En 2011 publicó su libro *Chile*, que en 2012 fue nominado al premio de la crítica como mejor libro editado.

La patria

El color de Chile huele a silencio
a boca zurcida
a mutilación
somos un cuerpo cortado
una derecha sin izquierda
una mano que se lava sola
una cara sucia.

Papá

Papá, cuéntame otra vez ese cuento tan bonito
de gendarmes y fascistas y estudiantes con flequillo
y dulce guerrilla urbana en pantalones de campana,
y canciones de los Rolling, y niñas en minifalda.

ISMAEL SERRANO

Papá, necesito que me expliques, que me cuentes una cosa:
qué pasó con las banderas rojas,
qué pasó con las barricadas,
qué pasó con los libros de Bertolt Brecht enterrados en el patio.
Qué pasó con los discos de Víctor Jara,
qué pasó con la foto de la Violeta Parra, qué pasó con la batalla.
Papá, explícame por qué no te mataron, dime
por qué tú no estás muerto dime
dónde estabas tú, en qué casa cubierto dime

qué pasaba por tu cabeza cuando veías la sangre correr por las
calles y murallas de esta república.
Quiero que nos sentemos a la mesa y que
mirándome a los ojos me digas
dónde dejaste los suecos y las bombas molotov.
Quiero que te subas esa manga y muestres tu puño izquierdoso
quiero que me digas
cuántas armas empuñaste realmente
cuántos palos y azadones levantaste
cuánta piedra para defender
todo aquello que soñabas.
Papá, dime
cuánto lloraste por no poder hacer nada.
Dime por qué no llegaron nunca las armas
por qué, dime, ni siquiera sabías disparar.
pero claro, ¿qué más da a estas alturas?

Viejo mío
esta tarde recuerda
otra tarde antigua y canta
el viejo Canto Nuevo otra vez sentado en tu sillón.

Vuelve a mirar las fotografías
a repasar con agujereado júbilo el pasado
y muérete pensando en que
Soldado que arranca
sirve
para otra batalla.

Qué sería de nosotros

*De pie, cantar, que vamos a triunfar.
Avanzan ya banderas de unidad,
y tú vendrás marchando junto a mí
y así verás tu canto y tu bandera florecer.*

El pueblo unido jamás será vencido.

SERGIO ORTEGA

Mi Chile es un país de derrotas
mis héroes
son hombres vencidos
y si hubiese una batalla ahora yo
seguramente también moriría gritando ¡venceremos!
¿Qué sería de nosotros en la victoria?

Santiago Espinosa
(Colombia, 1985)

SANTIAGO ESPINOSA nació en Bogotá. Es crítico, periodista, profesor del Gimnasio Moderno de Bogotá y coordinador del proyecto Vuelo al Bicentenario de la misma institución. Es egresado en Literatura (2009) y Filosofía (2010) de la Universidad de los Andes, donde fue profesor asistente y actualmente cursa una maestría de Filosofía Política y Estética. Su tesis de literatura, «El exilio heredado: morada y encanto en la poesía de Giovanni Quessep», fue laureada y será publicada por la editorial de la Universidad próximamente.

Los ecos, su primer libro de poemas, fue publicado por Taller de Edición en mayo de 2010. Por estos días prepara un libro de ensayos sobre poesía colombiana, del cual se adelantó el volumen *Para habitar el silencio* en la colección ExLibris (2012) con ensayos sobre Aurelio Arturo y Fernando Charry Lara.

A medio día

Los muertos nos
miran desde
un agua blanca,
antes de la llegada
del estruendo.

Entramos al retrato
como niños
desnudos.
Somos el viento
oscuro que los
mira sin tocar,
sabiendo que
los pudores
tan poco les importan.

Pero ahora caminan
por las calles.
Abril, 1948.
Nadie ni nada
los detiene.

Ruidos que salen
de las tiendas
a lado y lado
del presagio;

la trasparencia
que en secreto
los envuelve,
y para entonces,
dispersos de las
últimas noticias,
no era un murmullo
distinto a esa antesala
de lloviznas.

Andan los socios de la banca
al encuentro de su viernes.
El abogado que cruza
sin saberse su fantasma,
evita los rieles del
tranvía en su cordaje
invisible.

El sastre y la tendera,
los carniceros.
Hay un parado que sonríe
con su pluma en los bolsillos,
y que ya no regresará
para el almuerzo.

Zapatos lustrados
por la lluvia,
calles de Bogotá.
La hoguera de un viernes
cualquiera con sus corbatas
cualquieras, y que ahora
se renueva entre las tiendas
o en la arena de los tejos.

El niño que mira su ciudad
por vez primera,
entre vecinos extraños o
galpones donde duerme
una muchacha.
Cerros rodantes
que avanzan por la cuadra.
Salen de las farmacias
para entrar a los cafés.

Por cada balcón hay un
bostezo de polvo y lumbre,
en las ventanas que esperan
como galeras incendiadas.

Una ira de jornadas
se empoza tras la puertas,
pero ahora es viernes.
El grito es un
antiguo clarinete
que convoca
en la espesura.

Sombra de dos amigos
que sonríen.
Se abrazan con sus
sombreros de fieltro
frente al reportero
de la tarde,
y quién no sabe que la foto
malograda es la ciudad
que se despide,

con sus lloviznas o sus fiestas;
su abandono de casas y barbisios.

Qué halo de viajes
se detiene
en su transcurso.

Cuál brillo es el que
cala sus sombreros
como máscaras
de sepia,
cuando los clarinetes
se suspenden de la radio
en un aviso de último momento.

La música que se abre por la
calle hacia la médula del siglo,
a medio día,

—se alinean las pendientes,
todos los relojes
se extravían en su punto—;

o es la Violencia que comienza
con tres tiros de sombra
en la quietud del vecindario,
y nadie sabía nada.

Para Francesco Lastrucci.

Marcha de las ausentes

Las madres de mi país
cargan la foto de su ausente.

El que escondía los libros y ahora se esconde,
empaña los retratos;
la que esperaba caballitos del diablo en la ventana
y una sombra;
el que siguió bailando hasta el final del tiroteo.

Rostros sin nombre. Las huellas olvidadas de una marcha.

Cargan las madres sus ausentes,
atravesando el silencio de plazas y desfiles,
pero quién carga estas ausencias con su marcha,
la que limpia el retrato en las mañanas sin término;
la que apagó todos los radios para siempre;
la que sigue observando caballitos del diablo
pero no espera amigos ni retornos al final de la jornada.

Las madres de mi país,
nombres sin retrato,
doblemente solas.

Miroslava Arely Rosales Vásquez
(El Salvador, 1985)

MIROSLAVA ARELY ROSALES VÁSQUEZ nació en San Salvador. Es profesora de la Universidad de El Salvador. Forma parte de la Dirección Nacional de Investigaciones en Cultura y Arte y del comité editorial de la revista *Ars*. Su trabajo aparece en la antología *Nuevas voces femeninas de El Salvador* (2009), del escritor Manlio Argueta, publicada por la Editorial de la Universidad de El Salvador; en *Una madrugada del siglo XXI* (2010), selección, prólogo y notas de Vladimir Amaya; en *Las perlas de la mañana siguiente* (2012), antología del taller literario El Perro Muerto; y en las revistas *Círculo de Poesía, Palabras Malditas, Periódico de Poesía, Corónica, La Comunidad Inconfesable, Big Sur, Cuadrivio, Ariadna-RC, GRUNDmagazine, Paperfront Magazine, Norma Jean Magazine, Excodra, Kokoro, La Hoja de Arena, Río Arriba, Rojo Siena, Síncope, Ars, Cultura, Analecta Literaria y Contracultura*.

el asesinato de mis hijos

jasón
por tu deslealtad daré muerte a mi cría
la que por meses amamanté contra las piedras la fiebre
la que cuidé de las enfermedades con la furia de mis espadas de
mis dientes de mis huesos de mis células
la que honré como a las divinidades de mis altares
ya no podré besar
bajo la claridad de la luna
bajo los arcos de claveles y narcisos de mi casa
sus rostros
con esplendor de campo de maíz en verano
ni sabré de su descendencia
de sus aromas de mandarinas y de sus risas sin cristalizar y de
[sus juegos sin telarañas
de sus cabellos al viento como pétalos blancos o aviones de papel

jasón
la sangre de mi cría será tu desdicha

Mario Martz

(Nicaragua, 1988)

MARIO MARTZ nació en León. Su poemario *Viaje al reino de los tristes* (2010) es uno de los libros ganadores del certamen para publicación de obras literarias que convoca anualmente el Centro Nicaragüense de Escritores. Dirigió por dos años la revista literaria *Voces Nocturnas*. Obtuvo en 2006 el Primer lugar en poesía del XII Certamen de Literatura «José Coronel Urtecho» por parte de la Universidad Politécnica de Nicaragua. En la actualidad colabora con textos sobre literatura y arte en revistas y blogs literarios, entre las que cabe destacar *Carátula*, revista cultural centroamericana en línea, dirigida por el escritor nicaragüense Sergio Ramírez; revista literaria *El Hilo Azul*; revista *Soma*; entre otras. Asimismo, dirige el portal *NotiCultura* (www.noticultura.com) y es coeditor del blog literario *El Nocturno Diurno* (www.elnocturnodiurno.com). Website: www.mariomartz.com.

El sueño de Billy Blue

Los espantapájaros sueñan ser Billy Blue
y este sueña ser uno de los espantapájaros de la ciudad

aquí los sueños caminan descalzos
aquí la muerte es menos dura
aquí quien no bosteza la vida
es condenado a pena de muerte
aquí la gente quiere ser extranjera
para volver a su país.

Al atardecer,
Billy es uno de esos niños
que venden flores en los semáforos
cuyo acto es digno de declararse
patrimonio histórico
e intangible de la inhumanidad.

¿Con qué otra cosa podría soñar Billy
sino con la sombra de los días extintos?

Primera y última evocación contra el miedo

A Julie Vallejo.

Yo también
recuerdo a mi madre.

Me da miedo evocarla
a como quiso ser un día.
Pensó en los desaires
que provocaba
la maternidad prematura,
pero no fue obstáculo
para que enrollase la cuerda
de la caja de música
en la silla mecedora.

Llegó a un asilo de ancianos
muerta de miedo:
La guerra la sorprendió
en el parto.
Un día las calles quedaron
desiertas
de mujeres tristes
que sonreían
por haber visto morir el miedo
en sus pechos.
Y todavía hay misterios de goteras
que caen en la garganta
del niño muerto:
—el invierno que lejos llegó
de las colinas de sal.

Mi ciudad se encendió
luego que las rocas
fueron manchadas de sangre,
los hombres y mujeres
olvidaron que la paz

era la gloria perdida de los años
y que entonces,
la revolución de los miedos
era el triunfo sepultado
en el vientre
de las madres solteras.

FEDERICO DÍAZ-GRANADOS (Colombia, 1974) es poeta, ensayista y divulgador cultural. Ha publicado los libros de poesía: *Las voces del fuego* (1995), *La casa del viento* (2000) y *Hospedaje de paso* (2003). Han aparecido tres antologías de su poesía: *Álbum de los adioses* (2006), *La última noche del mundo* (2007) y *Las horas olvidadas* (2010). Preparó las antologías de nueva poesía colombiana *Oscuro es el canto de la lluvia* (1997), *Inventario a contraluz* (2001), *Doce poetas jóvenes de Colombia (1970-1981)* y *Antología de poesía contemporánea de México y Colombia* (2011). Es coautor de *El amplio jardín* (antología de poesía joven de Colombia y Uruguay, 2005). En el año 2009 le fue concedida la Beca «Álvaro Mutis» en la Casa Refugio Citlaltépetl en México. En 2012 apareció su libro de ensayos *La poesía como talismán*.

Es director de la Biblioteca de Los Fundadores del Gimnasio Moderno y de su Agenda Cultural. Hace parte del movimiento *Poesía ante la incertidumbre*.

Seven Stories Press
Jon Gilbert
140 Watts Street
US-NY, 10013
US
https://www.sevenstories.com
on@sevenstories.com
510-306-6987

The authorized representative in the EU for product safety and compliance is

Easy Access System Europe
Teemu Kontttinen
Mustamäe tee 50
ECZ, 10621
EE
https://easproject.com
gpsr.requests@easproject.com
358 40 500 3575

ISBN: 9781925019568
Release ID: 153275950

www.ingramcontent.com/pod-product-compliance
Lightning Source LLC
Chambersburg PA
CBHW031723230426
43669CB00007B/222